わが社は「経営計画書」をつくっても何も変わらない！

社長の悩みを解決する本

株式会社武蔵野
常務取締役
佐藤義昭

あさ出版

はじめに

■経営計画書はマニュアルなのか

「うちは中小企業だから、現状維持だけで精一杯」

「人手不足で、いい人は中小企業に見向きもしない。人がいないから、事業拡大もできない」

立派な会社をつくろうと夢を抱きながらも、なかなかうまくいかない現状に、なかなかばあきらめの気持ちを持っている社長は多いかもしれません。

しかし、あきらめるのは早すぎます。

私が34年前に入社した株式会社武蔵野も、かつてはいい人がいない落ちこぼれ集団でした。何しろ私自身も、もともとはその日暮らしのフリーター。スナックの夜のバイトに疲れて、「太陽の光を浴びて働きたい」と、ダスキン事業を展開していた武蔵野に応募したのが入社のきっかけでした。当時の社員数は約20人。先輩社員はよくサボっていたし、辞めていく人も多かった。

それが今では社員は３００人まで増えて、コロナ禍の前まで18期連続で増収を記録。コロナ禍も乗り越えてふたたび成長トレンドに入りました。ありがたいことに、就職人気企業ランキングでも5年連続でランキング入り。従業員数９００人を超え、胸を張って「立派な会社」と言えるようになりました。

なぜ落ちこぼれ集団がお客様に支持され、就活生が殺到する会社になれたのか。

その秘密は**「経営計画書」**にあります。

経営計画書は、将来の計画と会社の方針を1冊の手帳にまとめた経営ツールです。もともとは伝説の経営コンサルタント一倉定《いちくらさだむ》先生が提唱したもので、わが社の社長、小山昇が一倉先生のもとで学び、武蔵野流にアレンジして活用を始めました。

経営計画書は、会社の方針やルールが具体的に書かれています。小山はこれを地道に社員に浸透させた。その結果、社員は迷わずに仕事に取り組むことができ、会社もぐんぐん成長しました。

経営計画書に沿って社員が動くというと、「なんだ、マニュアルだったらうちにもあるよ」と考える社長もいるでしょう。

しかし、**経営計画書はマニュアルと性格が大きく異なります**。

武蔵野は、優れた経営を行っている組織に与えられる日本経営品質賞を2度（2000年、2010年）受賞しています。評価された経営ノウハウをもとに、2001年、中小企業向けにコンサルティング事業を展開。

お客様である社長のみなさまは、
「経営計画書は、魔法の書。書いたことが現実になるから」
と言います。

もちろん書くだけで本当に実現するわけではなく、使い倒す、つまり書いた内容を浸透させて実行することが大切です。ただ、そもそも書かなければどんな目標も実現できません。経営計画書は、社員を縛るマニュアルではなく、**みんなで同じ目標を共有してその実現に向かって動くための道しるべ**。

これを運用し続けてきたから、今の武蔵野があります。

■経営計画書は変化に対応するためのツール

自社を取り巻く環境は〝一寸先は闇〟。将来の計画を立てても役に立たないし、ましてや、それを手帳にまとめて社員と共有するなんて何の意味もない——。

そのように考えて、とにかく足元のことだけに集中している社長もいるでしょう。しかし、潮目が複雑に変わるから、経営には羅針盤となるツールが必要です。羅針盤がなければ受け身で流されるだけになり、会社の存続もままならなくなる。経営計画書があるから社長はもちろん、社員も安心して前に進めます。

そのことを経営幹部として強く感じたのが、２０２０年4月、世界中を震撼させた新型コロナウイルスの感染拡大でした。

武蔵野の柱は、ダスキン事業と経営サポート事業の二つの事業です。ダスキン事業は、お客様先に訪問してモップやマットなどの商品をお届けしたり、お客様先にあがって清掃やクリーニング、介護サービスを行います。一方、コンサルティング事業は、東京にあるわが社のセミナールームにお客様にお越しいただいたり、逆にコンサルタントがお客様先に訪問して環境整備などのお手伝いをします。

これらはすべて基本的に対人接触や県をまたぐ移動があります。そのため緊急事態宣言の発出後は、

「感染が心配なので、うちには来ないでください」

「しばらくお店を閉めます」

「東京は感染者が多いので、怖くて行けません」

というお客様が続出。事業の継続が危機に陥りました。

武蔵野は毎年5月に期が始まります。経営計画書は逆算して2月からつくり始めますが、苦労してつくった来期の計画もコロナ禍によって使えなくなってしまいました。


では、経営計画書はムダになったのでしょうか？

けっしてそんなことはありません。武蔵野は緊急事態宣言を受けて、経営計画を立てるためのアセスメントを2日間で実施。対面でなければできないもの、工夫しだいで続けられるものを整理したうえで、計画を立て直しました。

それに伴い、大胆な配置転換も行いました。当時は250人の社員がいましたが、約半分の120人を異動させて勤務場所や担当業務を変更。アセスメントの翌日には新体制でリスタートを切りました。

なぜ250人もの社員が混乱することなく新体制に対応できたのか。

それは**経営計画書によって社員に共通の認識ができていた**からです。詳しくは本書で解説しますが、経営計画書は「長期事業構想書」のページがあり、「客観情勢の変化に合わせて変えていく」と書かれています。つまり、安定成長のためには変化し続けなければいけないことが社員の共通認識になっています。また、環境整備の取り組みを通して「仕事がやりやすい環境を整えて備える」、すなわち変化に備えることも共通認識になっています。こうした考え方が浸透しているため、急な計画変更に対しても社員は慌てることなく対応できました。

もし社員に共通の認識がなければ、突然の異動に不平不満が続出して、リモート対応などが遅れていたでしょう。経営計画書で価値観のベースができていたからわが社は危機を乗り切れた。

これからも予期せぬ環境変化が起きることは間違いありません。ある日突然、市場が半減してしまうリスクもあれば、逆に想定外のチャンスが舞い込むこともあるでしょう。大切なのは、その変化に対応できるよう、普段から組織として**共通の言葉、**

共通の認識、共通の価値観をすり合わせておくこと。

そのための最良のツールが経営計画書です。

■〝使える経営計画書〟で人が育つ

社員に共通の認識を持ってもらうためには、経営計画書を「つくる」ことの他に、もう一つ欠かせないことがあります。

それは**経営計画書を「使う」**ことです。

経営計画書は最良のツールだと言いましたが、道具は使ってこそ道具として価値を発揮します。つくったものの使われない経営計画書は、ただのお飾り。お飾りをいくら立派に設《しつら》えても、会社は1ミリも良くなりません。

実際、武蔵野のセミナーには「経営計画書をつくったのに会社が変わらなかった」と相談にくる社長が少なくありません。話をよく聞いてみると、**「そもそも社員が使える経営計画書になっていない」**か、**「社員に使ってもらう仕組みがない」**のどちらか。いずれにしても、経営計画書を使えていないから効果が出ないのです。

経営計画書を使うと、人も育ちます。武蔵野は経営計画書を教科書にして小山が毎週講義を行っていました。現在は小山の解説を録画し、毎週月曜に配信しています。配信だけでは社員が視聴しないから、評価項目に加えて勉強させています。最初はただのアルバイトだった私も、小山の解説を34年間聞き続けたことで、今では経営幹部の一員になり、セミナーでお客様に経営計画書のつくり方、浸透のさせ方を指導できるレベルになりました。自社の幹部社員に頼りなさを感じている社長こそ、経営計画書をつくって使わせるべきです。

本書では、武蔵野が長年にわたって実践してきた経営計画書のつくり方、そして使い方――経営計画書を活用して社員教育をどのように行い、ダメ社員をいかに成長させてきたのか――を公開しています。

小山は会社の成長や時代の変化に合わせてマネジメントのスタイルを進化させてきました。会社が小さかったころは小山の号令でみんなが動くトップダウン、次に社員に自分で考えさせるボトムアップ、さらに幹部社員が育ってきてからは管理職が舵取りを担うミドルアップダウンです。その進化に伴って、経営計画書の作成にも幹部社員が関わるようになり、中身もバージョンアップ。とくに61期（２０２４年）から表現を見直して、ツールとしてより使いやすいものになりました。

もちろん進化しつつも、根底にある小山直伝のノウハウは変わりません。本書は経営幹部である私の視点で執筆しましたが、小山の教えは私の血肉になっており、おのずとそれがにじみ出ています。

「危機に負けない会社をつくりたいが、どうしていいのかわからない」

「今まで勢いでやってきたけど、売上が頭打ちになって先が見えなくなった」

「社員がまとまらずに組織が崩壊。そのケアで日々追われている」

「試しに経営計画書をつくったが、効果を感じられない」

「幹部社員が育たず、社長一人に負担がかかっている」

経営計画書は、そのような悩みを解決する〝魔法の書〟です。

繰り返しますが、**つくっただけでは魔法はかからない**。

つくり方、そして使い方にもポイントがある。

ここを理解して、取り組まないと「わが社は『経営計画書』をつくっても何も変わらない！」となってしまいます。

幹部社員以下、ほとんどの社員は「この会社に勤めてよかった」「この社長についてきてよかった」と誇れる会社で働きたいと考えています。

経営計画書を活用して、ぜひ立派な会社をつくってください。本書がその一助になることを願っています。

株式会社武蔵野　常務取締役　佐藤義昭

第1章 経営計画書は〝魔法の書〟なのか

第2章

道具として使える経営計画書のつくり方【基本編】

第3章 道具として使える経営計画書のつくり方【数字編】

第4章

道具として使える経営計画書のつくり方【方針編】

第5章 つくって終わりにしない経営計画書の使い方

第6章

経営計画書を「幹部」とつくる

編集協力：村上　敬

第1章

経営計画書は
“魔法の書”なのか

「うちの社長には困ったもんだ」

■幹部から見た「困った社長」の共通点

幹部社員から見て困るのは、はたしてどのような社長でしょうか。

まず困るのが、**社員の話を聞かないで「売上」「利益」を連呼する社長**です。「売上が落ちている」「利益を出せ」と数字ばかりを追求する。時代は令和に変わっているのに、マネジメントは昭和のまま。そもそもマーケットにいるお客様の声を聞かず、ライバルの動向に目を向けず、その情報を持っている社員の声を聞こうとしません。

次に、**言うことが気分しだいでコロコロと変わる社長**です。

「この事業は今すぐ黒字化しなくてはいけない。コストカットして利益を出せ」

先週はそう言っていたのに、

「投資しないと事業は成長しない。経費が増えてもいいから売上を増やせ」

と180度違うことを言われると、幹部社員は身動きが取れなくなってしまいます。

状況が変化して判断が変わるのは当然です。むしろ経営の前提条件が変わったのに何も変わらないことのほうが危ない。考えが変わったなら、その根拠を説明すればいいだけの話です。

ところが、気分しだいの社長は根拠がないから説明できません。「いちいち説明する必要はない」と言うかもしれませんが、説明できるがスピード優先で説明を後回しにするのと、説明できないからそれをごまかすために「つべこべ言わずにやれ」と押し付けるのは違います。後者は間違ったトップダウンであり、幹部社員は疲弊《ひへい》していくだけです。

実はそれ以上に厄介な社長もいます。

何も決めない社長です。

何かしら決めてくれれば、幹部社員はリアクションを取ることができます。社長の決定通りに動くことはもちろんですが、その結果、不都合があれば情報をあげて社長に決定の修正を促せます。また、気分しだいで決定が変わる社長に対しても、「先週と指示が違いますが、どうすればいいでしょう?」とおうかがいを立てることが可能です。

しかし、何も決めない社長だと、幹部社員は社長に何も働きかけようがありません。決めない社長は「ボトムアップで現場に任せている」と言うかもしれませんが、目標や方針もなく丸投げするのは単なる責任放棄。現場に裁量を与えるとしても、最低限のことは社長が決定しなくてはいけません。

社員の話を聞かない社長、言うことがコロコロ変わる社長と、何も決めようとしない社長。全員に共通しているのは、**「自分の会社をこうする」という軸が明確になっていない**、もしくは**幹部、社員と共通の価値観がない**ため、何か決定しようにも迷って決められなくなるわけです。

最近、管理職（幹部）になりたくない社員が増えています。管理職は罰ゲーム、コスパ、タイパが悪い……。果たしてそれは時代のせいなのでしょうか。社長の近くにいる幹部が「うちの社員は困ったもんだ」と言っていたら、社員もそのようになってしまいます。

自分だけが勉強している社長にも困ったものです。なぜ、と思うかもしれませんが、社長だけが勉強してアップデートしても社員はついていけない。正直、何を言っているか、考えているか、わかりません。

軸が明確になっていない社長におすすめしたいのが**「経営計画書」**です。

経営計画書は、経営の計画——売上や利益の構造をふまえた目標や、会社の在り方についての方針——をまとめた経営ツールです。目標や方針を決めるのは社長であり、一度決めてしまえば、あとは社長自身迷わずに経営ができ、社員もそれに沿って日々の仕事ができる。まさに会社を貫く一本の軸が、経営計画書です。

社長の悩みの種は「ヒト」「モノ」「カネ」

■社長の悩みをどう解決するか

軸となる経営計画がはっきりしないと、さまざまな困りごとが起きます。

まず社員が何を目指して頑張っていいのかわからず、モチベーション低下や退職を引き起こします。イキイキしていない社員が増えれば商品は売れないし、業績が伸び悩めば資金繰りも大変になって倒産が近づいていく。中小企業の社長を悩ませる**「ヒト」「モノ」「カネ」**の問題が芋づる式に発生して、会社がガタガタになります。

ヒト、モノ、カネの悩みをもう少し解像度高く見てみましょう。

言葉を換えると、ヒトの悩みは

「社員がばらばらでまとまらない」
「人が育たない」
「いい人が採れない」

などの組織力の悩み。

モノの悩みは

「商品が売れない」
「競合に勝てない」
「クレームが相次ぐ」

などの事業の悩み。

カネの悩みは

「売れているはずなのに利益が出ない」

「アクシデントがあってキャッシュが底を尽きそう」
「銀行がお金を貸してくれない」
などの財務の悩みといえます。

武蔵野の経営計画書作成セミナーには、さまざまな社長がいらっしゃいます。動機もいろいろですが、「ヒト」「モノ」「カネ」に関する具体的な課題が多く、それを解決するヒントを探るうちに経営計画書にたどりついた社長です。

危機感を持って経営計画書にたどりついた社長は、少なくとも「この問題を解決する」とは決めています。それすら決められない社長は、社員から見放されます。

この章では、これまで経営計画書を知らなかった社長に向けて、必要性や効果について解説していきます。すでに存在は知っているがつくり方がわからない社長はこの章を飛ばして2章から、一度つくったものの効果を感じられない社長は5章から読んでいただいても構いません。さっそく経営計画書について説明していきましょう。

経営計画書は社長の悩みを解決する？

経営計画書に書くだけでは実現しない

■口約束では社員は行動しない

セミナーで学んだ社長は、「経営計画書は書いたことが実現する〝魔法の書〟」と言います。

しかし、これは書いたことを実践している社長の言葉です。そもそもどんな計画も、目に見えるようにしておかないと達成できません。これは社長が頭に思い描いていることを実現するための必須条件です。

社員に、やってもらいたいことを指示する場面を考えてみてください。

「あれ、なるべく早くやっておいて」

この指示が良くないことは誰でもわかります。

物事を計画通り進めようとするなら、「誰が」「いつまでに」「何を」「どれだけ」やるのかを明確にすることが大切です。これらの要素が抜けた指示は、何も指示していないのと同じ。社員は首を傾げつつも自分なりに解釈して動くしかなく、結果として社長が思い描いていたものとは違うものがあがってくるでしょう。

では、次のように言えば実行されるでしょうか。

「○○さん、A社への請求書、今日中に送っておいて」

この指示は、最初の指示に比べると具体的です。指示を受けた社員も迷うことなく、「はい、わかりました」と答えるでしょう。

しかし、実際はこの指示もほぼ実行されません。

なぜなら、**口約束だから**です。

言葉は書き留めておかないと消えていきます。悪気はなくても普通の社員は忘れてしまうし、頭が少し働く社員は、内容を覚えていても口約束であることをいいことに忘れたふりをします。実際、若手時代の私がそうで、よくすっとぼけていました（笑）。

やってもらいたいことを確実に実行してもらうには、指示を紙に書いて残すことが欠かせません。今ならメールやチャットでもいい。**目に見える形で共有することで、お互いに認識のズレがなくなり、物事が前に進みます。**

会社の計画も同じです。

「売上を増やしたい」

「新店を出したい」

「こういう会社になりたい」

「社員には、こういう方針で動いてほしい」

これらの思いを口に出すだけだと、社員には曖昧にしか伝わらないし、頭の中に定着しません。仕事の指示を出すときと同じように目に見える形にして、社員は自分が何をなすべきか理解します。

■口約束では社長も行動しない

約束する相手は社員だけではありません。

社長が約束すべき相手は、誰よりもまず自分自身です。

社員に「今期は売上をいくらにしたい」と話していたのに、思い通りにいかなくて「難しいからやめた」とあっさり前言撤回した経験はないでしょうか。

環境変化に柔軟に対応して目標を変えること自体は問題ない。しかし、冷静に判断した結果ではなく、単に弱気の虫が騒いだりなまけ癖が出ただけなら、社員はそれを見抜いて離れていきます。

社長の空手形は、社員のすっとぼけ以上に罪が重い。安易な前言撤回を自分に許さないために、社長は計画を見えるようにして残すべきです。

経営計画書は、社長が自分自身や社員と交わす約束を可視化した手帳です。具体的には、売上や利益に関する数字をまとめたパートと、会社の決まりごとを方針として記したパートの二つで成り立っています。

また、会社の行事などあらかじめやるべきことがわかっているものについては、担当者と日程が書かれています。つまり仕事の指示に欠かせない「誰が」「いつ」「何を」「どれだけ」やるかが、手帳にすべて明記されています。

紙に書かれていれば、社長も社員も言い逃れはできません。ゆえに計画が確実に実行に移されます。

なんのために経営計画書をつくるのか

■経営計画書をつくることが目的？

経営計画書をつくると聞いて、立派なものをつくらなくてはいけないのかと身構える社長もいます。

しかし、**立派な経営計画書をつくる必要はありません**。むしろ後で解説するように最初はマネでいいし、ページ数も少なくていい。経営計画書は、あくまでも道具にすぎません。立派な道具をつくることが目的ではなく、その道具で**立派な会社をつくることが目的**です。

では、会社を良くするとはどういうことでしょうか。

かつて私たちは、「経営計画書で〝いい会社〟をつくりましょう」と言っていました。ただ、「いい会社」のイメージは、人によってかなり幅があります。ある社長は、儲かる会社を思い浮かべるかもしれないし、また別の社長はプライム市場に上場する会社を思い浮かべるかもしれません。社員も同じ。給料が高いことをいい会社の条件にする社員もいれば、給料よりやりがいを求める社員もいます。

いい会社は、100人いれば100通りの答えがあります。

「いい会社」という表現では誤解が生じかねないので、最近は次のようにお伝えしています。

「経営計画書で、〝強い会社〟をつくりましょう」

「強い会社」は、「いい会社」に比べると具体的です。強い会社は、何があっても潰れない会社です。もう少し具体的に言うと、営業が強く、お客様に支持され、利益が出ていて、組織力があり、社員が辞めない会社です。普段から強い体質をつくっていれば、大手の参入といった外部環境の変化が起きても会社は耐え抜けます。経営計画書は、強い会社にするための道具です。

社員一人ひとりが好き勝手なことをしているかぎり、会社は強くなりません。現場では社員が自分で考えて判断する必要がありますが、判断のベースとなる考え方がばらばらだと、それぞれが足を引っ張り合うことになりかねない。**共通の言葉、共通の認識、共通の道具があって会社は成長し、強くなります。**経営計画書は、まさにみんなで考えを共有するためのツールです。

ルールブックよりも教科書

■ダメ社員が経営計画書で幹部に成長

経営計画書は、放っておくとばらばらになりがちな社員をまとめあげるだけでなく、社員一人ひとりを成長させる効果も持っています。

そのことを理解していただくには、私自身の経歴をご紹介するのがもっとも手っ取り早いかもしれません。

私は高校卒業後、フリーターをしていました。高校生のころに喫茶店でバイトしていて、卒業後は喫茶店の隣にあったスナックで夜の仕事を始めます。しかし、日の光を浴びない不規則な毎日が良くなかったのか、数カ月で15キロも体重が落ちてしまいました。

このままではいけないと思って応募したのが、求人誌でたまたま見かけた武蔵野のアルバイト募集です。電話すると「今すぐ面接できる」というので、私は海水浴に行く予定を変更し、Tシャツに短パン、ビーチサンダルのまま面接へ。それでも合格してしまうくらい、当時の武蔵野は緩い会社でした。

緩いエピソードはまだ続きます。出勤初日、私は通勤にかかる時間を読み間違えて1時間遅れて出社しました。さすがに先輩は激怒。「遅れるなら連絡するのが常識だ。今日は帰れ。やる気があるなら明日もう一度来い」と追い返されました。

残念ながら、私には遅刻をするときに連絡をするという常識がありませんでした。

それで心を入れ替えればよかったのですが、私は翌日も遅刻します。さすがに途中駅から電話しましたが、電話した時点で出社時刻を過ぎていて、また先輩を怒らせて追い返されてしまいました。

きちんと出社できたのは3日目で、実はその日も到着は3分遅れました。それくらい私は非常識なダメバイトでしたし、武蔵野もそんなバイトをクビにできないくらい人材難の会社でした。

初めて小山を見たのは、正社員になる前のバイト時代でした。武蔵野は藤本寅雄が1956年に創業した会社です。小山は自分で会社を経営していましたが、その手腕を買われて武蔵野を引き継ぎ、緩い会社を普通の会社にしようと改革を進めている最中でした。同時に一倉定先生から学んだものをベースに経営計画研究会を立ち上げ、全国の社長仲間と勉強を続けていました。

バイトの私は当然、そんなことを知りません。当時、営業には社用車ではなくバイトが自分で持ち込んだ車を使っていました。駐車場で女性スタッフが自分の車を洗車していたとき、見知らぬ男性がツカツカと寄ってきて、「これ、なんていう車?」と質問。洗車を手伝っていた私はこう教えてあげました。

「ホンダのシティだよ。最近流行ってるけど、おじさん知らないの?」

そのおじさんこそがわが社の社長でした。様子を見ていた他の社員からあとで「口のき方がなってない」とこってり絞られましたが、他にお咎《とが》めはなし。私一人がひどかったのではなく、当時は会社全体が同じようなレベルでした。

小山がすごかったのは、社会人として最低限の礼儀すら知らない社員たちに、粘り強く教育を続けたことでしょう。

経営の勉強を始めた社長は、同じように意識の高い社長と自然につながりができて切磋琢磨するようになります。武蔵野のセミナーにくる社長も同じ。他の社長と交流して刺激を受けることでどんどんレベルアップします。おそらく全国の社長仲間と勉強会を開いていた小山も経営者として成長していたはずです。

ただ、社長だけが成長すると危険です。社員が社長の成長に追いつけず、やがて社員はこう考えるようになります。

「うちの社長の言っていることがわからない」

「難しいことを言うが、現場のことを考えてない」

「何か変な宗教にハマったのではないか」

現に、私が正社員になったころ、半期に一度の政策勉強会で新しい取り組みを発表すると、必ず数名がいなくなっていました。

こうなると社長の成長がかえって仇《あだ》となり、会社が崩壊に向かいます。

かといって社長が成長しなければ会社の成長も止まります。会社は社長の器以上に大きくなりません。強い会社にしようと思うなら、まずは社長が成長して、それに遅れないよう社員のレベルを引き上げるしかありません。

小山はそのことがよくわかっていたので、暴走族あがりの社員がまだたくさんいたころから地道に社員教育を続けてきました（具体的な中身はまたあとで解説します）。そしてそのときの教科書が、経営計画書だったのです。

経営計画書は、会社の決まりごとが方針という形で書かれています。社長から見ると、方針は社員に守らせるべきルールです。それゆえ武蔵野でも「経営計画書はルールブック」という言い方をすることがあります。

しかし、教育を受けてきた私から見ると、**「経営計画書は教科書」**といった位置づけのほうがしっくりきます。

最初は意味もわからず、とにかく方針を守るしかありませんでした。しかし、勉強会などで小山から解説を繰り返し聞くうちに、なぜそのような方針が必要なのか、方針を実行することで会社や社員にどのような効果があるのかといった理屈が少しずつわかってきて、自分事としてとらえられるようになります。その意味で、経営計画書はまさに教科書。自分の成長につながる学びがあります。

実際、経営計画書のおかげで私もビジネスパーソンとしてずいぶん成長しました。各方針の意味が理解できるようになっただけではありません。なぜその方針が立てられたのかといった背景も含めてわかるようになったので、今では社内で経営計画書をつくる側に回り、コンサルタントとして社外のみなさんに経営計画書のつくり方や使い方についてアドバイスまでできるようになりました。

ビーチサンダルで面接に来た34年前の私に言ったら信じてもらえないかもしれませんが、**教育で人は変わります**。経営計画書は、それを可能にするツールです。

使えるようにつくらなければ「ただの紙の束」

■すぐつくる、そして使えるようにつくる

経営計画書のメリットをまとめましょう。

中小企業の悩みは、「ヒト」（組織力）、「モノ」（事業）、「カネ」（財務）の三つに集約されます。経営計画書は、将来の計画と会社の方針を明確にすることによってこれらの悩みを解決します。計画や方針がはっきり示されることで、社長と社員で共通の認識ができ、互いに迷うことなく目標に向かえます。その結果、会社は何があっても潰れない強い会社になります。

まさに魔法の書であり、会社を強くしたい社長は経営計画書をつくるべきです。

ところが、そう考えつつも動きが鈍い社長がいます。効果を疑っているわけではありません。むしろ期待が大きいゆえに、「きちんとしたものをつくらなければ」と気負ってしまい、第一歩を踏み出せなくなるようです。

経営計画書の作成を目的にすると、「あの情報がほしい」「状況をもう少し見極めてから」とないものねだりが始まり、結局なかなか作成に至りません。限界まで作成を先延ばしにしたところで、情報量はたいして変わらないし、状況は絶えず変化して落ち着きません。確実なことは何もわからないなかで作成するから、正しさにこだわるだけ無駄です。

それより大切なのは、**いち早く作成すること**。作成して実行すれば、その作成が正しかったのかどうか、間違っていたとしたらどれくらい修正する必要があるのかがわかります。

一発で完璧な経営計画書をつくろうとすると、どうしても準備に時間がかかります。
そして準備に時間をかけたところで、どうせ1冊目はそれなりのものしかできません。
それよりも、**まずは1冊つくって使い始めます**。実際に使ってみれば、「この方針はわが社に合わない」「表現を変えたほうがうちの社員には響く」といったことが見えてきて、来期の経営計画書作成に活かせます。

「わが社は3月末が決算。今は10月でキリが悪いから、つくるのは春まで待とう」これも悪手です。半期あるいは四半期でも1冊つくってみれば、来春からは修正した2冊目を使えます。経営計画書は思い立ったときにすぐつくるのが正しい。

そして使うこと。**使わなければ、経営計画書は〝魔法の書〟ではなく、ただの紙の束です。だから「使えるようにつくる」**必要があります。

では、具体的にどのようにつくればいいのか。次章から経営計画書のつくり方を解説していきます。

第2章

道具として使える
経営計画書の
つくり方【基本編】

「そのままマネするだけ」では成果は出ない

■マネしてつくってうまくいかない二つの理由

経営計画書の方針をゼロから作成するなら、すでにあるものをマネして1冊つくってみることが大切です。大きさなどの体裁はもちろん、中身も武蔵野をマネしてつくる。これが基本です。

ただし、近年は「とにかくマネすればいい」から進化して、**「できるものだけをマネしましょう」**と伝えています。

方針は「今、できていること」を書くのが基本です。

実は近年、経営計画書の作成指導をしていて目立つようになってきたのが、「つくって終わり」の社長です。まずマネしてつくってもらうのは、とにかく早く使ってもらうためです。ところが、つくっただけで終わり、あまり使わないまま次の期が来てしまう社長が何人かいらっしゃいました。

そのような方たちは、経営計画書自体をつくり直していないのでしょうか。いえ、毎年作成しています。ただし、**つくり直しているのは数字（利益計画）だけ**。目標数字は毎年大きく変わっていくのに、方針は変わらない。社員の行動を変えるのは方針です。市場の動向や、若者の価値観が変わっているのに、方針を変えないのは、ＩＴ化が進むなかで、いつまでもWindows95を使っているようなものです。

では、なぜ方針を見直さないで「つくって終わり」にしてしまうのか。話を聞いてみると、つくって終わりの社長はだいたい２パターンに分かれました。

一つは、武蔵野の経営計画書を**そのまま流用したが、レベルが違い過ぎてハナから使えない**パターンです。やってみて難しかったなら次の期から取り組みやすいように部分的に書き換えればいいのに、試す前にあきらめてしまい、経営計画書自体を開かなかったわけです。

もう一つは、**人マネゆえに社長が社員に中身を説明できず、現場に浸透させられなかった**パターンです。

昔と違って、今は「とにかく方針通りに」は通用しません。社員に方針を実行してもらいたければ、「なぜそういう方針になったのか」「方針通りにすると、どんないいことがあるのか」を説明して腹落ちさせなくてはいけません。

ところが武蔵野の方針を理解せずに良いとこどりでマネする社長は、自分の言葉で説明できないので「とにかくやれ」と言うしかない。そうやって押し付けるのは社長自身も嫌なので、結局はつくって終わりになってしまう。

これらの問題を乗り越える方法は、ただ一つ。**見直すこと**です。説明できなかった事実を受け入れ、自社に置き換えて、できていることに修正することです。

右ページはメモ用に白紙にする

■スカスカな経営計画書でいい

経営計画書は左ページに方針を書いて、右ページを白紙にします。経営計画書は教科書兼ノートとして使うからです。

経営計画書の中身は、社長が機会をつくって必ず直接解説することが必要です。このとき白紙のスペースがあれば、社員は気づいたことを書き込めます。

「うちの社員は勉強嫌いだから何も書き込まない」

そう考える社長もいますが、昇格や昇給のルールについて無関心な社員はいません。

自分に関係のあるものなら社員もメモを取る気になります。そのときに普段メモの習慣がない社員でもすぐ書けるように、右ページは白紙にしておく必要があります。

白紙のページは、ノートとしてメモをする。経営計画書に書き込んだほうが、いつでも簡単に読み返せます。

右ページの白紙が役立つのは社員だけではありません。

社長が方針を解説しているときに、社長自身が新たな気づきを得ることもあります。

「方針を説明しても社員はポカーンとしている。現時点では、うちの社員には難しすぎるのか」

「クレーム対応について説明したが、社員から自分が想定してなかったケースについて質問があり、その場で答えられなかった」

こういった場面で気づいたことを忘れてしまわないように、社長が右ページにメモを残します。

メモを書くときは、単なる思いつきレベルで構いません。思いつきをそのまま実行

経営計画書を教科書兼ノートとして使う

環境整備に関する方針

1．基　本

(1) **仕事をやり易くする環境を整えて備える。**
(2) 組織力強化の実践として社員教育の根幹にする。
(3) **「形」から入って「心」に至る。**「形」が出来るようになれば、後は自然と**「心」**がついてくる。
例）1番には1番の人が停める。5番には5番の人が停める。

1	2	3	4	5

形が揃うと、心が揃う。
(4) 環境整備を通して、コミュニケーションを取りながら、仕事のやり方・考え方に気付く習慣を身に付ける。
(5) 「整理」「整頓」で損益分岐点が下がり、経常利益が上がる。ミスや不具合はすぐに改善する。
(6) 朝礼終了後、決められた作業を30分行う。時間がずれても全員が実施する。

2．整　理

(1) いる物といらない物を明確にし、必要最小限までいらない物・使わない物をとにかく捨てる。
　1年間使用していない物や、3,000円未満の物は、3G(課長)以上の判断で捨てる。
(2) 環境整備点検®の前日を捨てる日とする。

3．整　頓

(1) 物の整頓
① 置き場を決め、名前・数字を付けて管理する。

36

左ページに方針　　　右ページを白紙

社長も社員もどんどんメモを取る！

すると会社を傾かせるおそれがありますが、来期の経営計画書作成までは時間的に余裕があります。いったん時間を置けば、気づいたことを経営計画書に反映させるべきかどうかを冷静に判断できるでしょう。

逆にいえば、どうせ後で精査するのだから、メモは気軽にどんどん書けばいい。そのために片側をたっぷり白紙にしておきます。

現在の武蔵野の経営計画書は白紙ページをなくして、左右とも文字で埋まっています。メモを取るうちに方針が増え、片方を白紙にすると持ち歩くのが大変になるくらい分厚くなってしまったからです。メモより携帯性を優先した結果です。

小山や社員はメモを書き慣れているので、白紙のページがなくても欄外にうまくメモを書いており、とくに支障はありません。ただ、それができるのは経営計画書を長い間使ってきた経験があるからです。これから取り組む会社は紙代をケチらず、白紙ページでスカスカになった経営計画書をつくりましょう。

経営計画書は七つのパートで構成する

■「数字」と「方針」が中心

経営計画書の全体の構成を説明しましょう。

まず**「配布先一覧」**がきて、次に会社の基本姿勢を示す**「経営理念」**のパート、次に社長の姿勢を示す**「経営計画発表にあたって」**が続きます。ここまでは、本で言えば序章のようなものです。

中心になるのは、まさに経営計画に当たる**「数字」**と、会社の**「方針」**です。数字は5年後や今期の計画を示す**「未来」**パートと、計画通りに進捗しているかどうかをチェックしていく**「実績」**パートに分かれます。武蔵野は数字の未来パート、方針、数字の実績パートに順にまとめています。

そして最後に計画された行事などをいつ誰が担当するか、具体的に落とし込んだ**「スケジュール」**がきます。

中心となる「数字」と「方針」については、一つずつ章を割いてじっくりと解説します。その他のパートも重要であり、それぞれに意味や狙いがあります。この章で、それらを解説していきます。

経営計画書の構成

目　次

「配布先一覧」で社員の序列を明確に

■社員のモチベーションの源になる

経営計画書の最初のページにあるのは**「配布先一覧」**です。ここはその名の通り、**経営計画書を配布する取引先や関係者、社員の一覧表**です。

最初に来るのは取引のある金融機関、顧問の弁護士・税理士の先生方です。詳しくは次章で説明しますが、経営計画書にはわが社の財務状況や利益計画がガラス張りで明記されています。それを配布することで、金融機関にわが社の状況を伝えられます。

取引先や関係者の後には、社員一覧が続きます。武蔵野の社員は現在約300人。その中に自分の名前があるのを目にすれば、「自分はこの会社の一員だ」という帰属意識につながります。

注目は、社員に序列がついて、上から順に並べられていることでしょう。序列はグループごとにつけられます。最初に来るのは役員8人で、トップは社長である小山。61期、私は役員の中で3番手でした。以下、6グループ（統括本部長）から1グループ（一般社員）と職責の重い順に並び、それぞれのグループの中で社員に順番がつけられています。

現在の序列に新しい順番（番号）を入力し、提出する。これを新序列の投票と言います。係長・新人課長から役員までがグループごとに順位をつけます。これによって良くも悪くも、職責上位者、自分自身を含めた同僚、部下の順番をつけることができます。もちろん、自分自身を上にすることもできます。

投票によって、1年間の職責上位者に対する仕事や成果を評価できます。自分自身の仕事や成果が同僚と比べてどうか、振り返る機会にもなります。自分の部下をアピールして、順番を上につけることもできます。

集計結果と年間の評価が加味されて、新しい順番が決まります。

序列によって他の何かが直接影響を受けることはありません。たとえば同じ課長なら、序列が上でも下でも権限は同じです。

ただ、序列がつくと、やはり「同期に負けたくない」「自分の部下を引き上げたい」という気持ちが湧いてきます。私自身、序列が張り合いの一つになっていました。

経営計画書配布先一覧で
社員の序列を明確にする

経営計画書
配付先一覧表

特No.1	[redacted]	様
特No.2	[redacted]	様
特No.3	[redacted]	様
特No.4	[redacted]	様
特No.5	[redacted]	様
特No.6	[redacted]	様
特No.7	[redacted]	様
特No.8	[redacted]	様
特No.9	[redacted]	様
特No.10	[redacted]	様
特No.11	[redacted]	様
特No.12	[redacted]	様

No. 1	小山	昇	0010
No. 2	矢島	茂人	1891
No. 3	佐藤	義昭	0487
No. 4	小山	泊子	
No. 5	由井	英明	0563
No. 6	中嶋	博記	0082
No. 7	市倉	裕二	1817
No. 8	小嶺	淳	3110
No. 9	[redacted]		2245
No. 10	[redacted]		0186
No. 11	[redacted]		2213
No. 12	[redacted]		2201
No. 13	[redacted]		2907
No. 14	[redacted]		3461
No. 15	[redacted]		2074
No. 16	[redacted]		1854
No. 17	[redacted]		1711
No. 18	[redacted]		2481
No. 19	[redacted]		1859
No. 20	[redacted]		4678
No. 21	[redacted]		0174
No. 22	[redacted]		3115
No. 23	[redacted]		1883
No. 24	[redacted]		2203
No. 25	[redacted]		1491
No. 26	[redacted]		3885
No. 27	[redacted]		2202
No. 28	[redacted]		2185
No. 29	[redacted]		2019
No. 30	[redacted]		2810
No. 31	[redacted]		0437
No. 32	[redacted]		2746
No. 33	[redacted]		3816
No. 34	[redacted]		2084
No. 35	[redacted]		1773
No. 36	[redacted]		3839
No. 37	[redacted]		2896
No. 38	[redacted]		4539
No. 39	[redacted]		2468
No. 40	[redacted]		3516
No. 41	[redacted]		2348
No. 42	[redacted]		3670
No. 43	[redacted]		1259
No. 44	[redacted]		4257
No. 45	[redacted]		2938

2

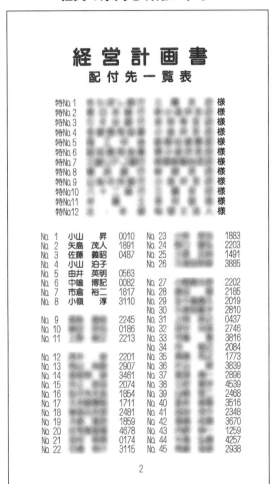

経営理念をつくるのは後回しでいい

■悩んで作成が遅れるともったいない

社員の序列は毎年変わりますが、その後には毎年同じ内容が載るページが続きます。経営理念やビジョンなど、会社としての基本的な姿勢をまとめたパートです。

武蔵野は朝礼で経営計画書を開き、経営理念などを唱和しています。毎朝なのでみんな自然に覚えてしまいますが、目で文字を読みながら声を出したほうが心に刻まれやすい。経営計画書がまさに道具として日々使われています。

このパートにあるのは、**「経営理念」「七精神」「ダスキン経営理念」「各事業部のミッ**

ション・ビジョン・バリュー」「社章の由来」です。

数が多いと思われるかもしれませんが、「七精神」は創業者の藤本が創業期につくったもので、「ダスキン経営理念」はわが社が加盟店となっているダスキンの創業者、鈴木清一さんの考え方が詰まっています。そして「経営理念」は小山が社長に就任した後に定めたもの。それぞれルーツが違います。上書きしたり整理して一つにまとめる手もありますが、原点を忘れないようにルーツがわかるものを残すべきが小山の考え。「守・破・離」でいえば「守」も大事にしています。

では、小山がつくった「経営理念」は「破」や「離」にあたるものなのか。

小山曰《いわ》く、実はこれもオリジナルではなく、どこかの会社のパクリだそうです。小山は勉強熱心で、儲かっている会社があると聞けばフットワーク軽く話を聞きに行きます。そこで良いと思った仕組みや考えがあれば取り入れて、自社に合うようにアレンジしていく。「離」の武蔵野流がある程度確立するまではその繰り返しで、経営理念もどこかで聞いてピンときたものをベースに小山がつくりました。

実は「経営理念」がないという会社は、意外と少なくありません。経営理念は、会社の在り方を決める土台の部分です。それゆえ経営計画書をつくる際、これまで経営理念がなかった社長は「どのような理念がいいか」、すでに経営理念がある社長は「この経営理念が本当に相応《ふさわ》しいか」と真剣に考えます。自社の存在意義があらわれるから、悩むのは当然です。

しかし、悩んだ結果、経営計画書作成が遅れてしまうともったいない。実は小山が新たに経営理念を付け加えたのは、社長になってしばらく後のことでした。本人も「経営理念は方針を実行した結果、たどり着くもの。むしろ最初にいいものをつくろうとすると、頭でっかちになって現実と離れたものになる」と言っていました。

経営理念のパートに気合を入れる社長は少なくありませんが、すでにあるならそれを使えばいいし、ないなら省いてもかまいません。そのうちに「これこそがわが社の役割だ」と確信を持てるものが見つかりますから、そのときあらためてつくったり、追加すればいいのです。

社長が社員に伝える四つのフレーズ

■「経営計画発表にあたって」で書くべきこと

経営理念パートの次は、**「経営計画発表にあたって」**のページが続きます。

ここは社長の姿勢、ひらたくいえば**社長の思いを示す**部分で、小山が自分で文面を考えて作成しています。会社が置かれた状況や組織としての成熟度は毎年変わりますから、社長の思いも変化して然るべきです。61期の場合、コロナ禍のダメージから立ち直った後なので、

「飛躍する年へ

打つ手はまだまだある。
新しいステージに向かって、あきらめずに
粘り強く、チャレンジ精神をもって
皆んなで共に歩こう」

というように、あらためて攻めるメッセージが前面に出ています。

その後に続く文章も毎年少しずつアレンジが加えられていますが、環境が変わっても文言を変えずに盛り込まれているフレーズが四つあります。この四つは小山がもっとも大切にしている姿勢であり、経営計画書をつくる社長にも同じように決意表明してもらっています。

■最後に署名をし、実印を押す理由

一つ目は、**「利益責任は社長一人にある」**こと。経営計画書で目標や方針を決定したのは社長だから、利益目標を達成できなければ社長が責任を負うという意味です。武蔵野は「責任を取る」を「経済的に損をする」という意味で使っています。つまり利益が出なければ社長が損を被るという覚悟を示しているわけです。

現在、経営計画書は私を含めた幹部社員が参画して作成しています。その計画を実行したのに利益が出なければ、幹部も責任を取るべきなのかもしれません。しかし、小山は幹部の参画後も「社長一人が責任を取る」というフレーズを変えなかった。まさに社長の覚悟を感じます。

二つ目は**「社員一人ひとりに実施責任がある」**です。社長の仕事は「決定」と「チェック」です。一方、社員の仕事は計画や方針を実行に移すこと。社員が方針通りにやって利益が出なければ、その責任は社長が取りますが、方針通りにやらなかった場合の責任は社員が負います。

もちろん方針が不明確なまま社員に実施責任を負わせるのは酷です。何をやるべきで、何をやるべきでないか。それが誰にでもわかる形で示されていて、実施されなかったときに責任を問うことができます。

とはいえ、「社長が利益責任。社員が実施責任」では、社長ばかりが楽をして、実行役の社員がコキ使われているように感じるかもしれません。武蔵野は社長のカバン持ち制度があって、小山が普段どれだけ激務をこなしているのか間近で見る機会があります。しかし、そうした機会がなければ、自分たちだけが苦労しているように感じてもおかしくはない。

そこでぜひ入れ込みたいフレーズが、三つ目の**「社長が先頭に立って、汗をかいて働きます」**です。どれだけ立派なことを言っても、自ら骨を折り、泥水をすする覚悟のないリーダーに人はついていきません。社長が社内でもっとも汗をかく姿勢を示すと、社員も汗をかくつもりになります。

そして四つ目が**「無理を承知で、皆さんに協力をお願いします」**です。

これは一見社員に無理をお願いしているように読めるかもしれません。しかし、真意は違います。

次章で説明するように、長期事業構想書は5年で売上2倍を目指します。現在の延長線上で考えたら「無理」ですが、やり方を変えればけっして不可能ではありません。ただ、やり方を変えること自体も簡単なことではない。社員にとっては今までの慣れたやり方が心地いいに決まっています。そのハードルを社員に乗り越えてもらうために、社長は社員が働きやすさや働きがいのある環境を「無理」してでも整えていく必要があります。

この文章の主語は、あくまでも社長です。無理をするのは社員ではなく社長自身。つまり「無理を承知で私は頑張る」という決意表明です。

このページの最後には**小山のサインとともに、小山個人の実印が押印されています**。わざわざ実印を使うのは、ここに書かれたことについて、小山という生身の人間がすべて経済的責任を持つ覚悟を示すためです。

なかでも「利益責任は社長一人にある」については、社長が実印を押して誓う意味が大きい。世の中には、会社の経営が傾いたとき、自分の財産を守るために会社を清算してしまう社長もいます。しかし、武蔵野は小山が利益責任を負うことを明言していますから、万が一にもそれはあり得ない。もし会社が倒産するとしたら、小山の財産がすっからかんになった後です。小山は署名に加えて実印を押すことで、絶対に会社を守る姿勢を社員に見せています。

このページは経営計画書に必要不可欠です。とくに四つのフレーズと実印は必須です。会社や社員、経営にかける自分の思いを、このページでしっかり語ってください。

年間予定は1年まとめて決めておく

■逆算して準備ができる

これまで見てきた「配布先一覧」「経営計画発表にあたって」は、経営計画の前提となる基本を明確化したパートです。その後にメインである「数字」「方針」が続いて、最後は**「事業年度計画表」**、つまり年間スケジュールです。人に指示を出すときは、「何を」「いつ」「誰が」やるのかを明確にする必要がありますが、**「いつ」「誰が」やるかを1年分、具体的に決めたもの**が事業年度計画表です。

1年先の予定などわからないと匙《さじ》を投げる社長もいるでしょう。

しかし、去年1年を振り返ってみてください。企業活動の9割以上は毎年同じことの繰り返しです。創業記念日、入社式、お盆や年末年始の休み、社員旅行――。曜日の関係で多少ズレることはあっても、毎年ほぼ同じ日程で企業活動が行われています。

社内行事だけではありません。社内勉強会などの研修メニュー、社内の定例会議、上司と部下の評価面談、お中元・お歳暮を持ってお客様回りをする日程、社長による銀行訪問など、毎年同じ時期に必ずやっていることはいくらでもあります。それらは1年前に難なく決められるから、先に計画に折り込んでおけばいい。

日程があらかじめ明確になっていれば、逆算して準備ができます。先手を打てば、かかる労力も最小限で済む。後手に回るから余計な仕事が増えて疲弊《ひへい》します。

新しいことを始めたり、状況が変わって予定の変更が必要になるケースもあるでしょう。ただ、その場合も他の予定が決まっていたほうが新たに予定を組みやすい。「コミュニケーション強化のために新規事業の懇親会を開きたいが、9月は社員旅行、10月は社員面談がある。時期をバラして、懇親会は11月にしよう」

このような判断ができるのも、他の仕事の予定が可視化されているからです。

1年を12カ月で管理しない理由

■4週間を1サイクルとする

武蔵野の事業年度計画表には、二つの特徴があります。

一つは、フォーマットが**「4週間×13サイクル」**になっていることです。

一般的な会社は年間スケジュールを月単位でつくります。毎月行う定例会議があるとしたら、「4月は○日」「5月は×日」と決めるのが普通です。

これは一見わかりやすいが、いざ動かしてみると不具合が起こりやすい。月の日数は一定ではなく、28日の月もあれば31日の月もあります。月3日の差は馬鹿にできません。日数が少ない月は必然的に予定が重なりやすくなり、逆に長い月はムダに余裕ができてしまいます。

武蔵野は、効率的にスケジュールを組むため、スケジュールを月単位ではなく7日間の週単位で組んでいます。

年間365日を7日で割ると、52週と1日。そのままだと数が多くなってわかりにくいので、4週1サイクルにして各週をA週、B週、C週、D週とします。「今期の13週目」は、「第4サイクルのA週」に当たります。

月単位で予定を立てている会社も、普段から「毎週月曜日は営業会議」「毎週水曜日のノー残業デー」というように週単位で仕事を動かしています。ですから週単位の管理は違和感がないはずです。

戸惑いそうなのは4週1サイクルのほうでしょう。年間52週を4週で割れば13サイクル。月単位なら12カ月ですが、4週1サイクルにすると1サイクル分増えます。仮に毎月1回やっていた会議があれば、13回やることになります。実際、武蔵野は環境整備の一環で「捨てる日」を設けていますが、毎サイクルに設定しているので年間13回あります。

1サイクル増えて最初は混乱するかもしれませんが、すぐに慣れます。そして慣れれば1サイクルが28日で一定であることの利点を実感できるようになる。日数が一定なら、あるサイクルの日数が少ないせいで予定がパンパンになるといった事態は避けられます。天文学から導いた暦に合わせて動くより、ずっと合理的です。

行事の担当者を計画しておく

■長期有給休暇もスケジュール化する

事業年度計画のもう一つの特徴は、**予定ごとに担当者を決めている**こと。「いつ誰が」の「誰」を1年前から明確にしています。

担当者の決め方にはいくつかのルールがあります。

武蔵野の社内行事の中でも重要な位置づけにある「政策勉強会」の司会は名誉ある大役ですから、前年の政策勉強会で一番汗をかいた実行委員長が選ばれます。

一方、何か新しいイベントを始めるときは、賞与が一番多かった社員を担当にします。基本的に前年のものを踏襲《とうしゅう》すればいい他の社内行事と違い、新しいイベントはゼロからのスタートです。多くの社員にとって「新しいイベントの担当はやりたくない」が本音。だから、賞与をたくさんもらっていい気分になっている社員に押し付けてバランスを取ります。

これら一定のルールに基づいて毎年新しく選ぶものもあれば、「配付先一覧」にある社員の序列に従って順番に担当していくものもあります。社員教育の一環として行っているバスウォッチングの担当は序列順です。今期、Aさんが担当幹部なら、来期は今期の序列で一つ下のBさんが担当します。

担当は会社が勝手に決めます。そのため、ときには「その時期は自分の部署の繁忙期。社内行事を担当する余裕なんてない」という事態に陥る社員もいます。

その場合は、同じ行事を別の時期に担当する他の社員と替わっても構いません。担当する順番が変わるだけですから、自由に交替してもとくに影響はありません。

ただし、交替の交渉は社員に自分でやってもらいます。組織が大きくなると普段あまり言葉を交わさない同僚も出てきますが、交渉が一つのきっかけになって仲が深まります。

実は社内行事の他にも「誰が」が決まっているものがあります。長期有給休暇です。武蔵野は2グループ以上の社員に長期有給休暇があります。Ⅱ等級2グループの社員なら5日間、2・5グループ（一般企業なら係長相当）以上の社員なら9日間連続です。みんなが休む時期が集中すると業務に差し障りが出るため、休暇がうまく分散するよう、誰がいつ休むかをあらかじめスケジュールの中に組み込んでいます。

事業年度計画には
行事・担当者名を入れる

第1サイクル

		六輝	週	方針	心得	摘　　要
4.15	月	先負				昇給面談(9:00-12:00)　社長への質問会(17:30)
4.16	火	仏滅				
4.17	水	大安				
4.18	木	赤口	A			
4.19	金	先勝				
4.20	土	友引		休日		
4.21	日	先負		休日		
4.22	月	仏滅				リーダー会議　昇給面談(9:00-12:00)
4.23	火	大安				昇給面談(9:00-12:00)
4.24	水	赤口				
4.25	木	先勝	B			
4.26	金	友引				
4.27	土	先負		休日		
4.28	日	仏滅		休日		
4.29	月	大安		祝日		昭和の日
4.30	火	赤口				
5. 1	水	先勝		商品A		
5. 2	木	友引	C	商品B		パスウォッチング幹部①([illegible])
5. 3	金	先負		祝日		憲法記念日
5. 4	土	仏滅		祝日		みどりの日
5. 5	日	大安		祝日		こどもの日
5. 6	月	赤口		祝日		振替休日
5. 7	火	先勝		社章		経営計画発表会([illegible])
5. 8	水	仏滅		発表		銀行訪問(同行×9:00-14:00[illegible])
5. 9	木	大安	D	長期A		捨てる日
5.10	金	赤口		長期B		環境整備点検([illegible])　社長への質問会(17:30)
5.11	土	先勝		経営A		社長会①
5.12	日	友引		休日		

144

第 3 章

道具として使える経営計画書のつくり方【数字編】

「5年で売上2倍」を最初に決める

■自社を継続的に成長させるための数字

5年で売上を2倍にする――。

経営計画書の数字パートは、**「長期事業構想書」**に壮大な目標を掲げることからスタートします。

5年で2倍を逆算すると、1年で115%の成長です。多くの市場が成熟している今、前年の売上を維持するだけで精一杯という企業は少なくありません。その中で毎年115%成長と言っても、にわかには信じられないでしょう。

一見現実的ではない目標を掲げることには理由があります。

まず、変化せざるを得ない状況に自社を追い込むためです。売上を何とか維持している会社に、年に105％成長を求めたとします。素直な社長はおそらく「無理すれば達成できるかも」と考えます。そして実際に既存のビジネスで努力を重ね、目標を見事に達成する可能性もあります。

ただ、このとき無理をしたのは誰でしょうか？

頑張ったのは、社長ではなく社員です。既存のビジネスを従来のやり方のまま伸ばしたければ、営業時間を伸ばしたり営業の訪問先を増やすなどして量を拡大させるしかありません。そこで汗をかいたのは現場の社員であり、社長は無理を「させた」だけです。

残念ながら、この無理は続きません。

社員に無理をさせる会社からは人が離れていくし、残っていても現場が疲れ切って無理が続かなくなる。もってせいぜい2、3年です。

自社を継続的に成長させたいなら、同じやり方ではダメ。いずれ必ず頭打ちになります。その壁を破るなら、**やり方を抜本的に見直す**しかありません。

では、どうすれば今までうまくやってきたやり方を捨てることができるのか。

それには現在の延長線上では到達できない、本当に「無理」な目標を掲げることが有効です。現場の頑張りでは到達できない高い目標を掲げれば、社長や幹部が頭を使ってこれまでのやり方をがらりと変えたり、新規のビジネスをつくり出さざるを得なくなる。そのために実現困難な目標を設定するのです。

そういう意味では、目標の数字に根拠は必要ありません。武蔵野はどの業種業態でも実現が容易ではない「5年で売上2倍」をおすすめしていますが、「○年後に△億円」というようにキリのいい数字でも構わない。いずれにしても、一見現実離れした目標を掲げることが大事です。

無理を達成させる方法は三つです。

①今と同じやり方は無理です。

↓やり方を変える。一番の近道はベンチマーキングです。ベンチマーキングも社長一人だけで行っては、社員と乖離するだけです。社員と一緒にベンチマーキングに行くのが最高の早道です。

②今と同じ考え方では無理です。

↓最大のライバルは同業者ではありません。時代です。生成ＡＩにチャレンジすれば不可能が可能になります。

③今と同じ人では無理です。

↓社員教育をして社員が成長しなくては達成できません。

「夢」を語れない社長に人はついてこない

■経営計画書の中で夢を語れる唯一のパート

一見到達できないような大きな数字を目標にする理由はもう一つあります。**社員に「夢」を持ってもらう**ためです。

長期事業構想書は、5年後に向けて自社のビジネスの基本的な考え方や目標達成のための方針を文章でまとめたページと、それを数字で定量的に表現しているページに分かれています。文章ページの冒頭は、長期事業構想書の意義を次のように説明しています。

「この構想書は、夢への挑戦への計画です。客観情勢の変化と社長のビジョンの発展により、たえず前向きに書き換えられるものです」

注目していただきたいのは「夢への挑戦」の部分。「5年で売上2倍」は、まさにみんなが心を躍らせる「夢」として掲げています。

夢を持てるかどうかは、働くモチベーションに大きく影響します。

社長に欲がなくて、いつも「仕事があるだけありがたい」と控えめに感謝を語る会社と、社長の上昇志向が強く、「いつか地域でシェア1位になる」が合言葉になっている会社。

あるいは、少子化などの影響で市場が縮小していくことが見えている業界と、新しいニーズを掘り起こして中長期的な成長が見込める業界。

現在の給料が同じなら、人はどちらを選ぶでしょうか。

考えるまでもなく、明るい未来が見える会社・業界です。

会社が成長して売上が倍になります。社員数も増え、社員が倍になれば管理職のポストも倍になって、もとからいた社員には昇進のチャンスがグンと広がります。どちらにしても会社が成長して困る社員はいません。

同じ仕事をしなければいけないとき、それが明るい未来につながる場合とそうではない場合があれば、人は明るい未来が見えているときのほうが本気で仕事に取り組みます。だから社長は「夢」を語る必要があります。

夢は、簡単に手が届くものであってはいけません。

「来期は売上102%成長を目指します」

このように現在の延長線上で届く目標は、「夢」ではなく「ノルマ」です。社員は「あれを確実にやらないといけない」「これをさらに改善しなければいけない」と足元を見るようになり、心はむしろ重くなります。

「5年後に売上2倍にします」

それに対して、このように簡単には届かない大きな数字を掲げると、社員は「自分たちの努力だけで達成できるわけがない。社長に何か秘策があるのだろう」「やり方はわからないが、達成できたら素敵だな」と、素直に未来のゴールに目を向けるようになります。

会社の最高責任者としていい加減なことを書けないと考える社長もいるでしょう。たしかに一理あります。そもそも経営計画書は、社長の考えが口約束で終わらないように、明文化してみんなに示すためのツールです。経営計画書に書いたからには、社長はそれを守る責任があります。

ただ、経営計画書の中で唯一、夢を書けるところが長期事業構想書です。そしてこのページで掲げる目標が夢であることは、冒頭の**「夢への挑戦」**という言葉でしっかりと示されています。そう断っているから、遠慮をする必要はありません。社長自身の夢を思う存分に数字で表現してください。

安定した暮しに必要なのは「変化すること」

■社員に明るい未来を見せる

「わが社の社員は安定志向が強く、夢を語るとかえって不安になる」という声も聞きます。

たしかに〝失われた10年〟が20年、30年と延びてきたなかで社会に出た人の中には、「安定第一で、今より悪化しなければ御の字。リスクの高いことなどしないでほしい」と保守的な考え方になる人も少なくありません。

では、危険をおかさないように現在の延長線上でやっていけば、本当に社員の暮らしは安定するのでしょうか。

残念ながら、**現状維持だと暮らしは悪化します**。

まず、社員自身のライフステージが変わります。若いときの給料でやっていけるのは、独り身で気楽に暮らしていたときだけ。結婚して子どもができれば、教育費を筆頭に何かと出費が増えます。もちろんずっとシングルで生きるのも選択肢の一つです。ただ、親が要介護状態になったり、自分自身が大病を患うおそれもあります。想定外の出来事が起きてもお金があればある程度は対応することができますが、給料が増えていなければそれも難しくなります。

一方、本人のライフステージに変化がなくても、会社を取り巻く環境が変わって現状維持すら困難になるリスクもあります。

マーケットにいるのは自社とライバル会社、そしてお客様です。お客様のニーズが変わり、ライバル会社が変化していくなかで、自分の会社だけが現状維持を目指したらどうなるか。売上が減って賃金や雇用を維持することが難しくなっていきます。

今の時代は、変わらないことのほうがリスクです。安定した暮らしを維持するために、会社は変化していかなくてはいけません。

社長は、社員にそのことを理解してもらう必要があります。とはいえ、「会社の変化についていけない社員は置いていくぞ」と脅すのは、賢いやり方ではないでしょう。人手不足の時代に危機感を煽《あお》るやり方をすると、他の会社に転職していくだけです。

今求められるのは、危機感に訴えるやり方ではなく、明るい未来を見せるアプローチです。**みんなが魅力的に感じる未来を見せて、「一緒に変わろう」と社員を巻き込んでいくことで会社は変わります。**

長期事業構想書で夢を語るのは、そのための手段の一つ。大きく成長して暮しも安定することを、うまく伝えてください。

計画はゴールから逆算して立てる

■最初に「利益計画」からスタートする

「5年で売上2倍」の重要性がわかったところで、経営計画書の数字パートの概要を説明しましょう。

数字パートは、大きく二つに分かれます。前半は、「5年後の長期計画」とそれを今期の目標に落とし込んだ**「未来」**パート。後半は今期の計画を月別に落とし込み、毎月それを確認していく**「実績」**パートです。

未来パートの最初を飾るのが、**「長期事業構想書」**です。ここはすでにお話したように、会社の「夢」をみんなで共有するページです。

「長期事業構想書」は**「基本」「事業計画」「利益計画」「要員計画」「装置・設備計画」「資金計画」**の６項目で構成されています。

この六つのうち、もっとも最初に社長が決定する項目はどれだと思いますか。

まずは長期計画全体を貫く方針である「基本」から？

そう答えた社長は、根本的なところで勘違いがあるかもしれません。

計画の基本は、**逆算思考**です。まず結果（ゴール）を決めてから、それを達成できるように手段を決めていきます。今できることを積み重ねて結果を導くのは、計画ではなくただの予測。その順番を逆にしてこそ計画を立てる意味があります。

だとすると、**経営計画で最初に決めるべきは、売上や利益はいくらほしいのかという「利益計画」です**。その他の、

・基本（全体の方針・戦略）

・事業計画（各事業の方針・戦略）
・要員計画（人事の方針・戦略）
・装置・設備計画（設備投資の方針・戦略）
・資金計画（財務の方針・戦略）

はすべて手段であり、ほしい利益を決めた後で決めます。

たとえば「売上を1.5倍」と「売上を3倍」だと、当然、事業計画は変わります。前者は新規事業をやる必要がないかもしれませんが、後者はおそらく新規事業に挑戦しないと届かないでしょう。

「利益2倍」「利益5倍」も当然違う。装置・設備計画で言えば、前者はコストダウンで達成可能で、後者は逆に積極的な設備投資が必要です。

まずほしい売上や利益の額を決めないと、その後の手段を決めることはできません。この順番を間違えてはいけません。

社員が「頑張ろう」となる内容を入れる

■「この会社で働くといいことがある」と社員が思えるか

利益計画を実現する手段として基本、事業、要員、装置・設備、資金の計画が決まったら、それらをまとめて長期事業構想書に書き込みます。

長期事業構想書は、それぞれの計画を金額で表現したページと、目標数字をどうやって実現していくかの詳細を文章で表現したページに分かれます。

ここで意識してほしいのは、文章ページの書き方です。

長期事業構想書は、夢を語るページです。目標数字だけでなく、文章も、社員が「頑張ろう」と思える内容を入れます。

具体例を紹介しましょう。武蔵野の61期の長期事業構想書は、次のような文言を入れました。

「人件費は貢献度に応じた公平配分とし、毎年安定的に昇給をする」（利益計画）
「心理的安全性が担保された会社にする」（要員計画）
「年収1000万社員を15人にする。コンサルタントを15人、合計30人にする」（要員計画）

社長や経営幹部にとって「5年後に売上2倍」は相当に夢のある数字です。ただ、現場の社員からすると全社の経営数字はやや遠く、実感を持てないかもしれません。そこで社員が身近に感じる範囲でモチベーションを高められるように、夢をブレイクダウンしていきます。

毎年昇給して、優秀なら1000万円プレイヤーになれて、上司に安心してものを言える——。

このように構想を示せば、入社数年で経営のことがまだよくわかっていない社員も、「この会社で頑張ればいいことがある。頑張ろう」と思えます。

長期事業構想書は、利益計画の他、財務についても計画を立てます。詳細は省きますが、**「長期財務格付け」「長期財務分析」「PL」、BS面積図」「キャッシュフロー」**という形で細かく数字も決めます。

長期事業構想書の構成

長期事業構想書（方針）

1．基本
2．事業計画
3．利益計画
4．要員計画
5．装置・設備計画
6．資金計画

長期事業構想書

長期財務格付け

長期財務分析表

ＰＬ面積図

ＢＳ面積図

キャッシュフロー

来期の経営目標は「利益」から決める

■「いくら利益を出すか」から逆算する

5年後までの利益計画ができたら、次は来期（1年後）の経営目標を決めます。

計画は逆算で立てると言いましたが、来期の目標のゴールは売上ではなく、経常利益から始めます。「いくら売りたいか」ではなく「いくら利益を出すか」の数字から逆算していきます。

来期の計画を売上から立てると、経常利益はそれほど増えません。高めの目標として売上15％増に設定して、それに基づいて仕入れ額や販促費、人件費はいくらと計算してください。実際に計算するとわかりますが、「え、こんなもの？」と首をかしげたくなるくらいの利益にしかなりません。

まず決めるのは、経常利益の額です。その額を稼ぐために、経費をいくら使うのか、その経費を使うなら、いくら売り上げる必要があるか。このように経常利益から逆算して最後に売上を決めるのが、正しい来期の利益計画のやり方です。

利益は会社を存続させるために絶対に必要です。社員と家族を守り、生活を豊かにするために必要です。

利益計画は勝手に決まる

■損益計算書の下から上へ計算していく

来期にほしい経常利益を決めれば、後はカンタン。「損益計算書（P／L）」を見て下から上に順に計算していくと、最後に来期の売上が自動的に決まります。

具体的に数字を使いながら逆算していきましょう。

①経常利益

いくら利益を出すのかは、社長の決定です。

利益計画のつくり方

項　　目	目標	計算額	
売　　上	300	⑨	粗利益 ÷ 利益率
仕　　入	150	⑩	⑨−⑦＝⑩
粗 利 益	150	⑦	人件費÷労働分配率
人 件 費	100	⑥	平均給料×人数
経　　費	40	⑧	⑦−⑥−⑤−④＝⑧
減価償却費	3	⑤	有形固定資産の15%
経 費 計	143		
営業利益	7	④	①＋②−③＝④
営業外収益	1	③	定期預金×金利
営業外費用	2	②	借入金×金利
経常利益	6	①	会社が生きるために必要な金額

経常利益から逆算。
目標売上は最後に決まる！

算します。

②営業外費用

営業外費用は、借入金の利息として支払う費用です。「期首の借入金×金利」で計算します。

③営業外収益

営業に関係ない収益を合算します。キャッシュの現預金をはじめ金融資産があるなら、その収益を計算します。その他、不動産を持っていて賃料が入るなら、それも加算して来期の営業外収益を求めます。

④営業利益

営業利益は、「経常利益＋営業外費用－営業外収益」で計算します。通常の会計処理では、営業利益に営業外収益を足し、そこから営業外費用を差し引いて経常利益を求めますが、この順番を逆にしたわけです。

理屈がわからなくても心配無用です。「①＋②－③」の計算式どおりに数字を当てはめていけば④を導けます。

⑤減価償却費

減価償却費は高額な固定資産を全額必要経費にするのではなく、複数年である程度均《なら》して経費にするときの額を言います。

減価償却費は、機械設備や広い工場などが必要な製造業と、労働集約型のサービス業で違います。武蔵野のセミナーには両方の会社が参加していますが、多くの会社は「有形固定資産の15％」前後です。よほど極端な業態でなければ、「有形固定資産×15％」で計算してください。土地や建物、機械、車両、物理サーバーなどが有形固定資産に該当します。

⑥販売促進費

⑦経費

販売促進費と経費は、経常利益を達成するために「これ以上は使えない額」のことです。販売促進費と経費は仕訳が違います。

経費には、お客様を増やすための「攻めの経費」と、現在の収益を確保するための「守りの経費」の2種類があります。前者に該当するのは、新規事業や新規出店の費用、新規顧客開拓の販売促進費です。一方、後者は既存事業や既存店、既存客への販売促進費などです。分けて考えると、計画を進めるうちに赤字になってしまった場合に対応が容易です。万が一のときは攻めの経費を抑えることで既存事業を守れます。

成長に必要なのは「攻めの経費」なので、これはまた後で解説します。

⑧人件費

「平均給与×人数」で計算できます。昇給や採用は社長の考えしだいです。長期事業構想書の要員計画も参考にしながら決定しましょう。

⑨粗利益額

粗利益額は、「人件費÷労働分配率×100」で計算します。

労働分配率は一般的には労働集約型のサービス業ほど高くなり、設備にお金がかかる業態ほど低くなります。目安は40～60％。それより多ければ給料が高すぎあるいは人が多すぎで、それより低ければ給料が安い、あるいは人手不足の可能性が高い。どちらも経営にとってはリスクですが、後者は職場が疲弊してますます人が離れるので注意が必要です。

人事戦略しだいで労働分配率を変えていくことは可能ですが、いきなり大きく変えると組織が混乱します。上げるにしろ下げるにしろ、単年の変化は2％以内に抑え、複数年かけて変えていくといいでしょう。

労働分配率から粗利益を導き出せば、さかのぼって⑥販売促進費と⑦経費を計算できます。

⑩仕入
⑪売上

仕入は「売上－粗利益額」、売上は「粗利益額÷粗利益率×１００」で求められます。

原価率はおおよそ決まっているので、粗利益額と、商品の原価率、販売数量がわかれば売上が導かれます。

このような手順で計算していけば、最初に決めた経常利益を起点にして、その利益を得るために必要な売上が判明します。

いくら売りたいかを決めて、結果として利益を出すのではなく、いくらほしいかという結果を先に決めて、それを実現する手段として売上を決める。これが経営を「計画する」ということです。

来期の計画が決まったら、それを1ページにまとめて今期の「経営目標」とします。その前の長期事業構想書と合わせて、ここまでが未来を計画するパートになります。

実績は、手書きで書いて確認する

■目標達成／未達成の重みを実感できる

5年後、1年後に向けた利益計画ができたら、目標数字をどのようなやり方で実現するのか方針を決めます。方針が経営計画書のもう一つの肝です。詳細は次章で解説します。

さて、方針は目標を達成するために決められますが、方針を実行に移せば必ず結果が出るとは限りません。途中で環境が変わっていたり、そもそも方針が間違っていれば結果は出ない可能性が高い。その場合は方針の修正が必要です。

はたして、方針は今のままでいいのか。

それを確かめるために必要なのが、経営計画書の最後にくる**「実績」**パートです。

実績パートの中心は、経営目標を毎月の目標に細分化して落とし込んだ**「利益計画全社」**です。これは表になっていて、月ごとの目標はすでに印刷されて入れてあります。目標額の下は空欄で、そこに毎月の実績を書き込み、計画通りに進捗しているかどうかをチェックしています。

表に書き込むのは、社員本人です。毎月の会議で数字を発表して、その場で本人が手書きで記入します。表計算ソフトでまとめて共有すればいいと考えるかもしれませんが、重要な数字はデジタルではダメ。自ら手を動かして手間と時間をかけてこそ、目標達成／未達成の重みを実感できます。

実績パートは、他に売上の実績を年計の形で記入する**「総売上年計表」**、支払金利の実績を記入する**「支払金利年計表」**があります。これらも社員に重みを感じてほしい数字なので、手書きで入れてもらいます。

利益計画全社には実績を書き込む

利益計画　全社

単位 百万円

項目	金額	区分	5月		6月		7月		8月		9月		10月		11月		12月		1月		2月		3月		4月	
			当月	累計	当月	累計	当月	累計	当月	累計	当月	累計	当月	累計	当月	累計	当月	累計	当月	累計	当月	累計	当月	累計	当月	累計
売上高	10,673	目標	893	893	910	1,803	930	2,733	820	3,553	910	4,463	910	5,373	910	6,283	810	7,093	890	7,983	860	8,843	910	9,753	920	10,673
		実績																								
売上原価	2,760	目標	231	231	235	466	240	706	212	918	235	1,153	235	1,388	235	1,623	209	1,832	230	2,062	223	2,285	236	2,521	239	2,760
		実績																								
粗利益	7,913	目標	662	662	675	1,337	690	2,027	608	2,635	675	3,310	675	3,985	675	4,660	601	5,261	660	5,921	637	6,558	674	7,232	681	7,913
		実績																								
人件費	2,616	目標	216	216	218	434	236	670	206	876	216	1,092	216	1,308	220	1,528	238	1,766	210	1,976	210	2,186	215	2,401	215	2,616
		実績																								
経費	2,440	目標	204	204	208	412	213	625	187	812	208	1,020	208	1,228	208	1,436	185	1,621	203	1,824	197	2,021	208	2,229	211	2,440
		実績																								
販売促進費	1,737	目標	145	145	148	293	151	444	133	577	148	725	148	873	148	1,021	132	1,153	145	1,298	140	1,438	148	1,586	151	1,737
		実績																								

140

これからやるべきことを数字で明確にする未来パートと、決めたことを実行して本当に目標を達成できるのかを確認する実績パート。この二つが、経営計画書の数字パートです。

小山は「数字はそれだけで言葉」と言います。

経営計画書に数字を入れこむことで、社長の考えが社員や金融機関に伝わります。

そのつもりで数字をつくっていきましょう。

第4章

道具として使える経営計画書のつくり方【方針編】

会社を支える「方針」のトライアングル

■三角形の中心に置く方針は？

方針を具体的に見ていきましょう。

方針は四つに大別できます。**「強い企業文化をつくる方針」「稼ぐ方針」「人が辞めない（育つ）方針」「事業を強くする方針」**です。

中心に置くのは「強い企業文化をつくる方針」です。これは会社のベースとなる価値観をつくるもの。他の三つの方針が素晴らしいものであっても、社員が「方針なんて気にしないでいい」「方針は自分の好きなやり方で実践する」と考えていては、方

会社に必要な方針とは

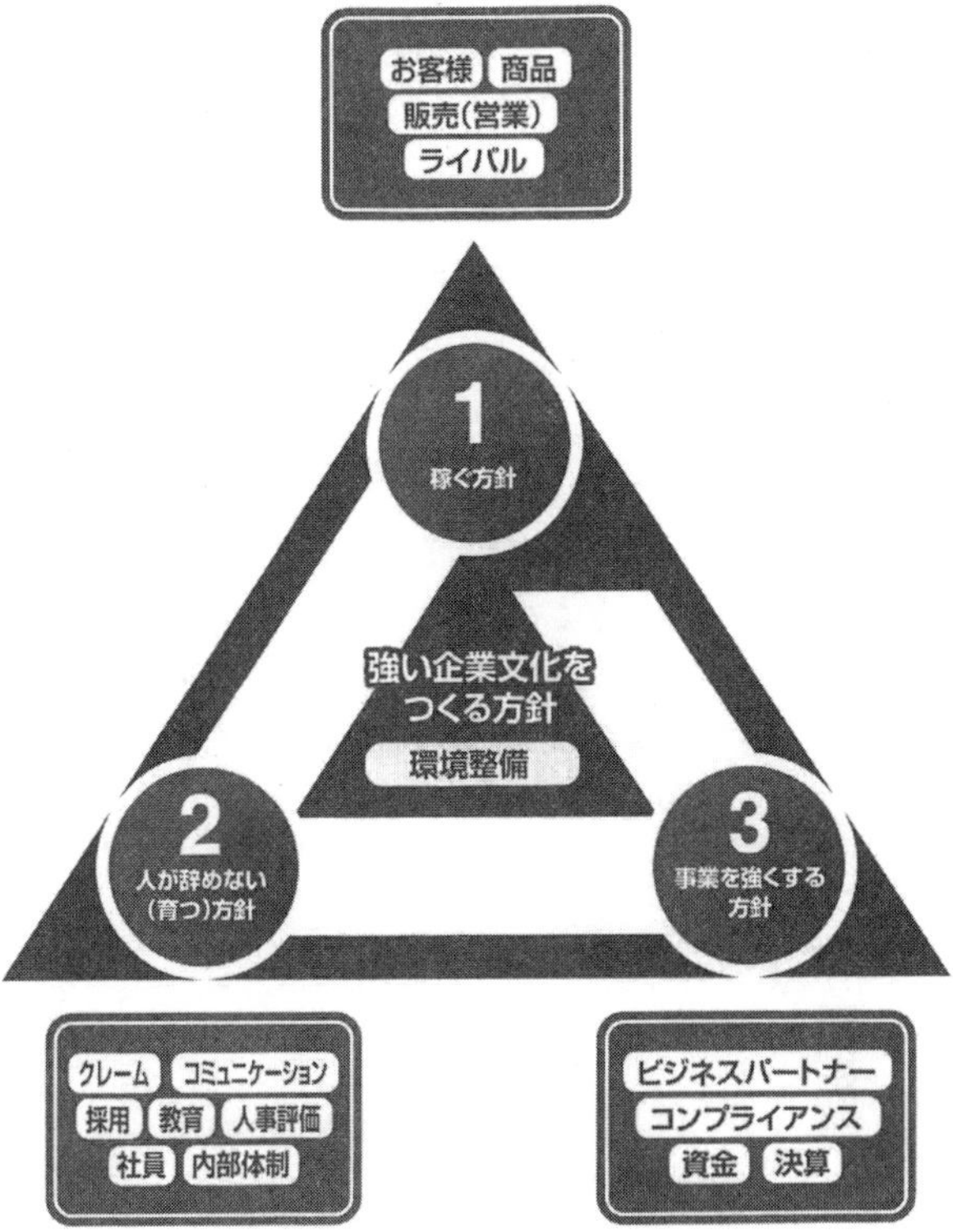

経営計画トライアングル

方針が社員の行動を変える

針がお題目で終わります。

方針に対してどのようなスタンスで臨むのか。それを左右するのは企業文化です。それならば、強い企業文化をつくるための方針が必要です。企業文化のつくり方は会社によって違いますが、武蔵野は「環境整備」を通して価値観を醸成してきました。

そこで、

・環境整備に関する方針

をすべての中心に置いています。

「稼ぐ方針」は、マーケットで勝つための方針です。一般的には営業や開発戦略に当たるものだと考えて差し支えありません。細分化すると、

・お客様に関する方針
・商品に関する方針
・販売（営業）に関する方針
・ライバルに関する方針

といった方針が該当します。

ここ最近は「業績につながる四つの重要方針」として位置づけています。

「人が辞めない（育つ）方針」は、一般的には人事戦略に当たるものです。もともと人は会社が事業を行ううえで欠かせないが、人口減の時代に突入して人手不足による倒産も起きるようになった今、人を採用して、働き続けて成長してもらうための仕組みがより重要になってきました。それらの仕組みについて、

・クレームに関する方針
・コミュニケーションに関する方針
・採用に関する方針
・教育に関する方針
・人事評価に関する方針
・社員に関する方針
・内部体制に関する方針

といった方針を決めます。

最後が「事業を強くする方針」です。これは利益を直接生むものではないものの、社員が思う存分に稼ぐ方針を実践できるように環境を整えるための方針です。大企業なら、経営企画や財務、法務などのコーポレート部門に関する戦略だと考えてもらえばいいでしょう。具体的には以下の方針があります。

・ビジネスパートナーに関する方針
・コンプライアンスに関する方針
・資金運用に関する方針
・決算に関する方針

数多く方針が並んで面食らった社長がいるかもしれません。武蔵野は、これらの方針を「経営計画トライアングル」の概念図で整理しています。113ページを見ていただければ、会社にどのような方針が必要なのか直感的にイメージできます。

1年目につくっていい方針は七つまで

■多すぎると社員が不安になる

前項であげた方針の数を見て、経営計画書作成に腰が引けてはいないでしょうか。しかし心配はいりません。**1年目につくっていい方針の数は七つまで**。いきなりそれ以上は無理です。

方針がびっしり書き込まれている経営計画書を突然、渡されると、社員は不安になります。方針には目標達成のための行動が書かれていて、社員は多かれ少なかれ行動変容を求められます。人は変化に対しておそれを抱くもの。慣れると方針が決められているほうが安心して動けますが、最初は不安が先に立つ。多すぎる「方針」は「放心」状態を招くのです。

方針の数は三～四つでも構いません。初年度は「多くても七つまで」と考えてください。

その七つは決まっています。

「基本方針」「環境整備に関する方針」「お客様に関する方針」「商品に関する方針」「営業に関する方針」「ライバルに関する方針」「クレームに関する方針」です。

「基本方針」は今期の基本方針で、全社的な経営戦略を指します。また、各方針の中心に位置する「環境整備に関する方針」は必須です。さらに「稼ぐ方針」の四つの重要方針も優先度は高い。稼ぐ方針がなければ数字の達成が難しいからです。

意外に映るのは、「クレームに関する方針」でしょうか。稼ぐ方針を実行していけばお客様との接点が増えて、良くも悪くもクレームをいただくようになります。これは成長する企業の宿命です。

良い面に目を向けると、クレームは「お客様からの業務改善点の指摘」です。業務改善をコンサルタントに頼めばお金がかかりますが、お客様はお金を払ってくださり、何がいけないのかを指摘してくれます。これを改善に活かすことで商品やサービス、接客の質が良くなり、稼ぐ力が向上します。

一方、クレームの中には、俗にカスタマーハラスメントと呼ばれる理不尽なものもあります。これに振り回されると社員が疲弊して辞めていきます。人材戦略の重要性が増している時代に、カスハラを放置する会社は生き残れません。社員を守るために優先度を高める必要があります。

社長の「理想」「願望」を書いてはいけない

■方針が形骸化して実践されなくなる

「初年度は七つまで」と限定すると、「自分はもっと書ける」「会社を良くしたいからたくさん書きたい」と訴えてくる社長もいます。

実際、何も縛りをつけないと、社長は自分の理想や願望を方針の形でスラスラと書いていきます。とくに社内に関する方針は得意です。「組織は、こうあるべきだ」「社員はこのような姿勢で働くべきだ」と普段から考えているので、それを文章にすることが苦ではないです。

社員がもっとも興味を持っているのも、社内の人事や評価、組織や制度に関する方針です。どうすれば自分が評価され昇進や昇給できるのか。それが一番の関心事です。

社長は書きたいし、社員も読みたいのだから、好きに書けばいいではないか、というのは間違いです。なぜなら、理想や願望を書くと方針が実践されず、実践されないと社員が方針を軽く見るようになるからです。

ある社長が、社員のモチベーションを引き出すために実力主義の風土を定着させたいと考えています。その理想を具現化するために、「この成果を残した人は昇進する」と方針を書きました。

いざやってみると、昇進基準を満たした社員が続出。全員を昇進させると人件費が足りなくなるため、一部は昇進を見送りました。こんなことが起きると社員は方針を守らなくなるどころか、社長への不信感を募らせるでしょう。

では、昇進する人が続出しないように基準を必要以上に高くして、理想の人材しか昇進できないようにしたらどうでしょうか。これなら約束を破る心配はありませんが、そもそも基準が現実離れしているため、社員は挑戦する気になりません。そんな方針ばかりになると、「社長がまたなんか変な夢を語ってるな」と受け止められて、スルーされるのが関の山です。

経営計画書の方針に、社長の理想や願望を書いてはいけません。現実との距離があり過ぎると方針が形骸化して、実践されなくなってしまいます。

とくに初年度は重要で、**書いていいのは「今できていること」だけ**にしてください。今できていることなら、1年後もできている可能性が高い。

社員に「方針は実践できるものだ」という印象を持ってもらえたら、次のステップとして「確実にできるもの」を書きます。そこでまた**成功体験を積むごとに、少しずつ方針のレベルを高めたり数を増やしていきます**。

方針の数を七つ以下に絞るのも、無理のないところからスタートするためです。七つ以下だと経営計画書は薄くてペラペラに感じるかもしれませんが、それで構いません。放っておいても社員の成長とともに厚くなっていきますから、最初はむしろ薄くすることを意識してください。

「経営方針」で今期の方針を示す

■今期重点的にやることを書く

武蔵野の経営計画書は、方針に約100ページを割いています。実はこれでも見直してスリム化したほうです。とてもすべてを紹介することはできないので、本書は重要な方針についていくつかポイントを説明します。

方針ページの最初に来るのが**「経営方針」**です。

方針は会社の決まりごとですから、毎年大きく変化するわけではありません。多くの方針は前期のものを下敷きにして、状況に合わせて内容や表現をバージョンアップさせています。その中でも、「今期はこれを重点的にやる」という方針をまとめたものが「経営方針」になります。

経営方針は昔、「基本方針」と名づけていました。中身は「お客様第一主義」「環境整備」「重点主義」の三つ。小山が一倉先生に習ったものをそのまま踏襲しました。

長い間それでやってきましたが、2000年に経営品質賞にチャレンジして変更しました。日本経営品質賞は、「お客様本位」「従業員重視」「独自能力」「社会との調和」という理念を体現している企業を評価します。それに寄せて基本方針を「経営方針」へと変更し、現在は**「お客様本位」「従業員重視」「独自能力」「社会貢献」**という四つの観点から、今期に取り組むべき方針をまとめました。

サンプルとして、四つの経営方針を簡単に説明しましょう。「お客様本位」はお客様第一主義です。次のような方針があります。

「ライバルにない『見る・学ぶ・体験する・共有する』実践型プログラムを充実させる。お客様の現実・現場・現物（人）が成長進化するサポートに力を入れる」

このように示すことで、社員は「この行動は、お客様の成長進化に貢献しているだろうか」と考えながら仕事ができます。

次の「従業員重視」は、より具体的です。

「給料テーブルをベースアップ（3年連続）する。来期はさらに高いベースアップを行う」

「全従業員の月平均残業時間を10時間にする」

「5人以上のサークル活動は、1人2000円を支給する」

継続して取り組んでいるものもあれば、今期からすぐできるもの、今期にチャレンジするものまでさまざまですが、ここを読めば社員は「会社は今期このような方針で自分たちを大事にしてくれる」とわかります。

「独自能力」は、自社の強みに関する方針です。この項目の最初にあるのは、「『手帳型経営計画書』に記載されている方針・数字・事業年度計画を、業務に展開する」

まさに武蔵野の最大の強みを武器にして事業展開することを宣言しています。

最後の「社会貢献」は、できるだけ具体的な施策で示します。

「39年間行っている地域清掃活動を継続していく」

「被災地域へクリーン・リフレを無償提供する」

社会貢献はお題目で終わりがちですが、具体的に示すことで実行に移しやすくなります。

これらは武蔵野の経営方針であり、会社によって中身は大きく異なります。「お客様本位」「従業員重視」「独自能力」「社会貢献」という枠組みはそのまま使えると思いますが、内容は社長自身が考えて作成してください。

心の教育より「環境整備」で形を教育

■形をそろえて価値観を共有する

次はトライアングルの中心になる**「環境整備に関する方針」**です。

環境整備は仕事をやりやすくする環境を整えて備えることであり、武蔵野は整理、整頓、清掃などの活動を毎日30分行っています。

トライアングルの中心にくるのは「強い企業文化をつくる方針」でした。なぜ、仕事をやりやすい環境を整備することが企業文化の醸成につながるのか、ピンとこない人もいるでしょう。

企業文化をつくるために、社員に理念教育を行う会社もあります。しかし、小山は「心の教育は効果がない」と言います。

理由は二つ。一つは、心を測るモノサシがないからです。会社が掲げる価値観を共有できているかどうかと社員に聞けば、たいていは「共有できています」と答えます。ただ、それが本心なのかどうか、あるいは本心だとしてどれくらい深く腹落ちしているか、心を定量的に測る術はありません。

もう一つ、心は不安定なことも理由の一つです。

人間の心は一定ではありません。朝起きたときはフレッシュな気分でやる気に満ち溢れていたのに、出勤前に奥さんからゴミ出しについて怒られただけで前向きな気持ちがしぼみ、クヨクヨ、イライラしたりします。人間はそういう生き物ですから、仮に心の教育で効果があっても、次の瞬間には気持ちが変わっている可能性が高い。それでは企業文化になりません。

ある価値観を社員みんなで共有したければ、心よりも形をそろえる教育が効果的です。

形は心と違ってモノサシやハカリ等の道具で測れます。また、気分が乗っている日に整えた形も、気分が乗らない日に整えた形も、同じ形ならば効果は同じ。安定しています。

形だけ格好つけても意味がないというのは間違いです。形をつくると、そこに心が入ります。スーツを着ると気持ちが引き締まったり、横になるとリラックスできるのと同じで、先に形をつくることで心が後から自然についてきます。「形から入って心に至る」が、正しい企業文化のつくり方です。

まさに形をそろえるのにもってこいの手法が環境整備です。環境整備は単なるお掃除、あるいは生産性向上を目指した業務改善活動だと思われがちですが、それは一面的な見方に過ぎません。**環境整備の本質は、社員教育。**形をそろえることで社員と価値観を共有していきます。

■決めごとを守る習慣づくりになる

環境整備の目的がもう一つあります。決めごとを守る習慣づくりです。

武蔵野は毎日30分、自分がその週に担当するモノやエリアを徹底的に磨き上げます。「Aさんは机と椅子」「Bさんはパソコンと電話機」というように営業所や部門ごとに作業分担表があり、その通りに環境整備を行います。

なかには内心で、「自分は使わないから、電話機はやりたくない」「さっと拭けば十分」と考えている社員もいるでしょう。私自身、入社した当時はよく思ったものです。

しかし、各人が勝手な考えでやり始めたらどうなるのか。

環境整備で多少の温度差があっても業務に大きな支障が出ることはありませんが、決めごとを軽視する姿勢が他の方針で発揮されたら、お客様を失ったりコンプライアンスの問題が起きるかもしれません。そのような事態を防ぐために、環境整備を通して社員に決めごとを守る習慣を身につけてもらいます。

環境整備は強い企業文化をつくる社員教育

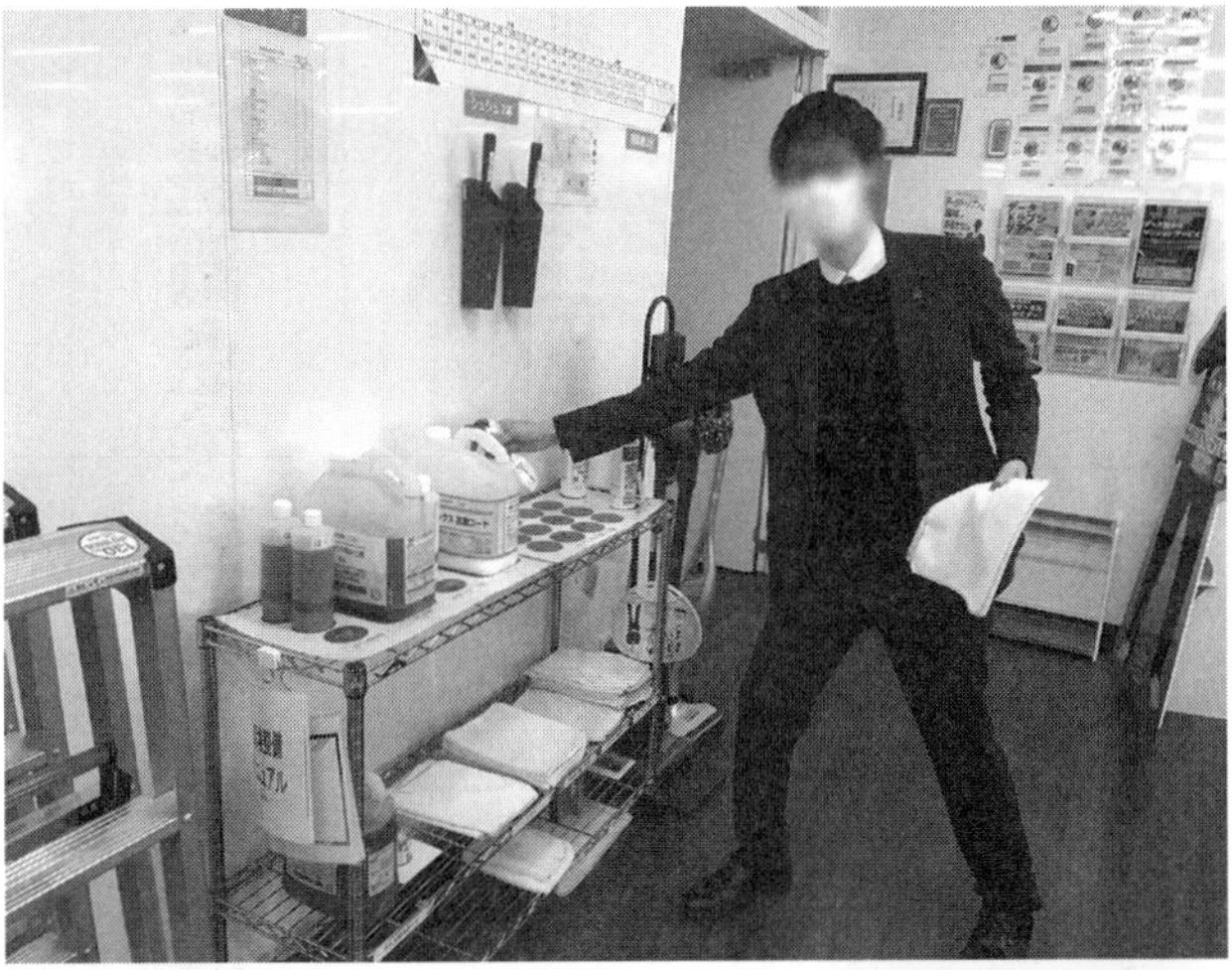

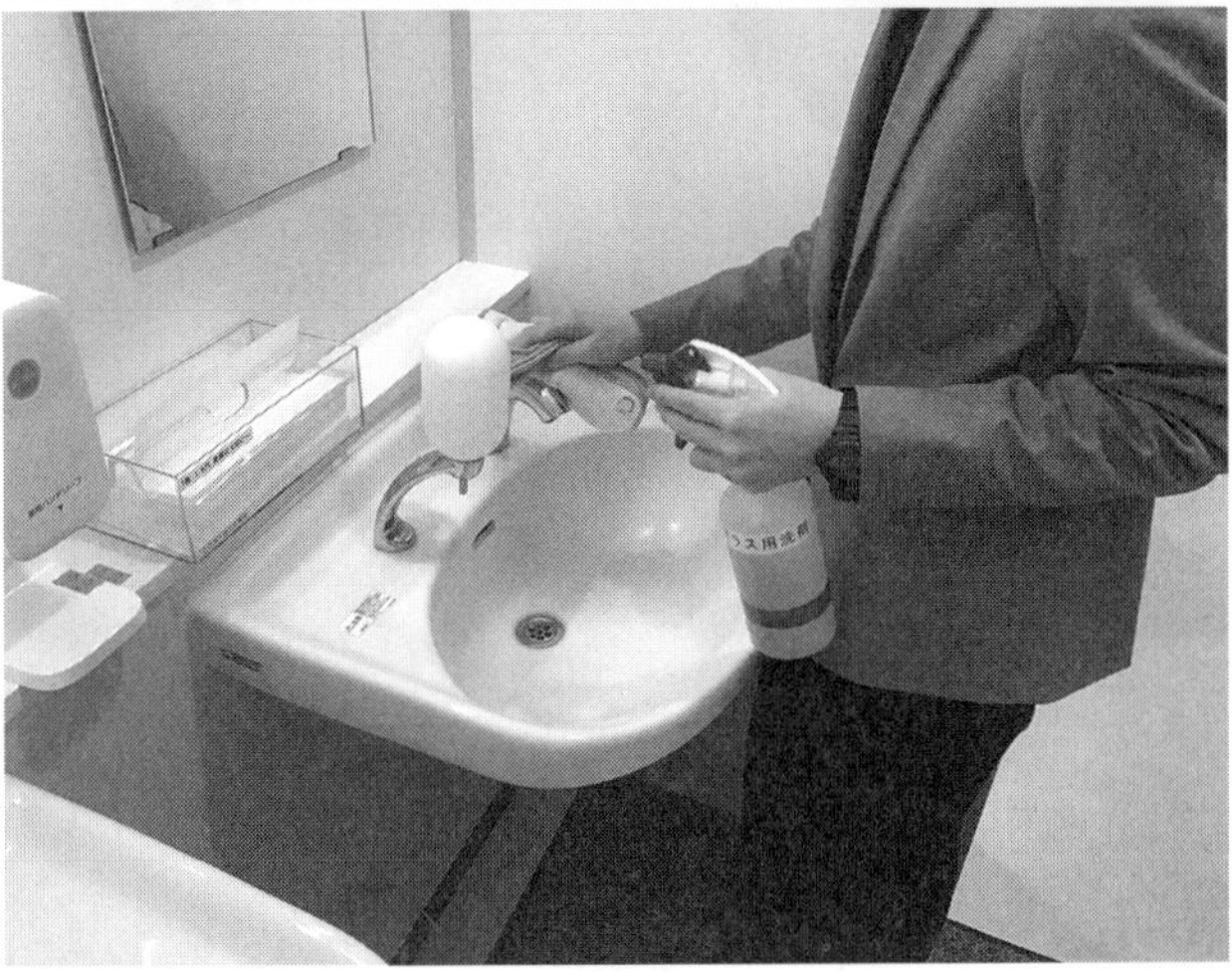

方針を守る教育になる

環境整備点検で粗さがしは厳禁

■社長は社内を明るく導くこと

「環境整備に関する方針」のポイントを説明します。

武蔵野は「朝礼終了後、決められた作業を30分行う。時間がずれても全員が実施する」と決めています。

ただ、経営計画書作成の初年度は、「今できていること」「今でもできそうなこと」から書くことが鉄則です。これから環境整備に取り組む会社が、いきなり毎日30分やるのは正直ハードルが高い。業務に費やす時間が30分短くなりますから、工夫しないと業務に支障が出るし、現場からも反発が起きます。自社の実力や状況に合わせて、最初は15分、あるいは10分でもいいいと思います。

環境整備が正しくできているかどうかをチェックする**環境整備点検**も要注意です。

「点検チェックシートを使い、毎サイクル、社長が先頭に立ってチェックする」

こう決めているように、環境整備点検は小山が30年以上、毎月、各支店を回って行っています。環境整備を導入する会社も、社長自らが環境整備点検を行ってください。

このとき注意したいのはチェックシートの評価項目です。「きれい」「汚い」といった主観的・抽象的な評価だと、評価する人と環境整備した人の見方にズレが生じやすい。そのズレがいくつか発生すると、社内は途端に暗くなります。

環境整備点検は、社員の粗さがしのためにやるわけではありません。目的はあくまでも社員教育。やることでモチベーションが下がれば教育効果も落ちます。

社内の雰囲気を暗くしないためには、**客観的・具体的な評価基準でチェックする**ことが大切です。

「向きがそろっている」「決められた個数が決められた場所にある」というように、誰でも解釈が変わらない評価基準にすればズレが生じにくい。

褒めたり励ますことも重要です。1回の点検時の点数は120点で、武蔵野はこのように方針に書いています。

「直近3回の合計が350点以上の部門には、食事会・懇親会の補助を一人2000円支給する。翌月から3カ月間、環境整備の時間は20分にする」

やればいいことがあると示すことで、社内を明るく導いてください。

環境整備点検も社員教育

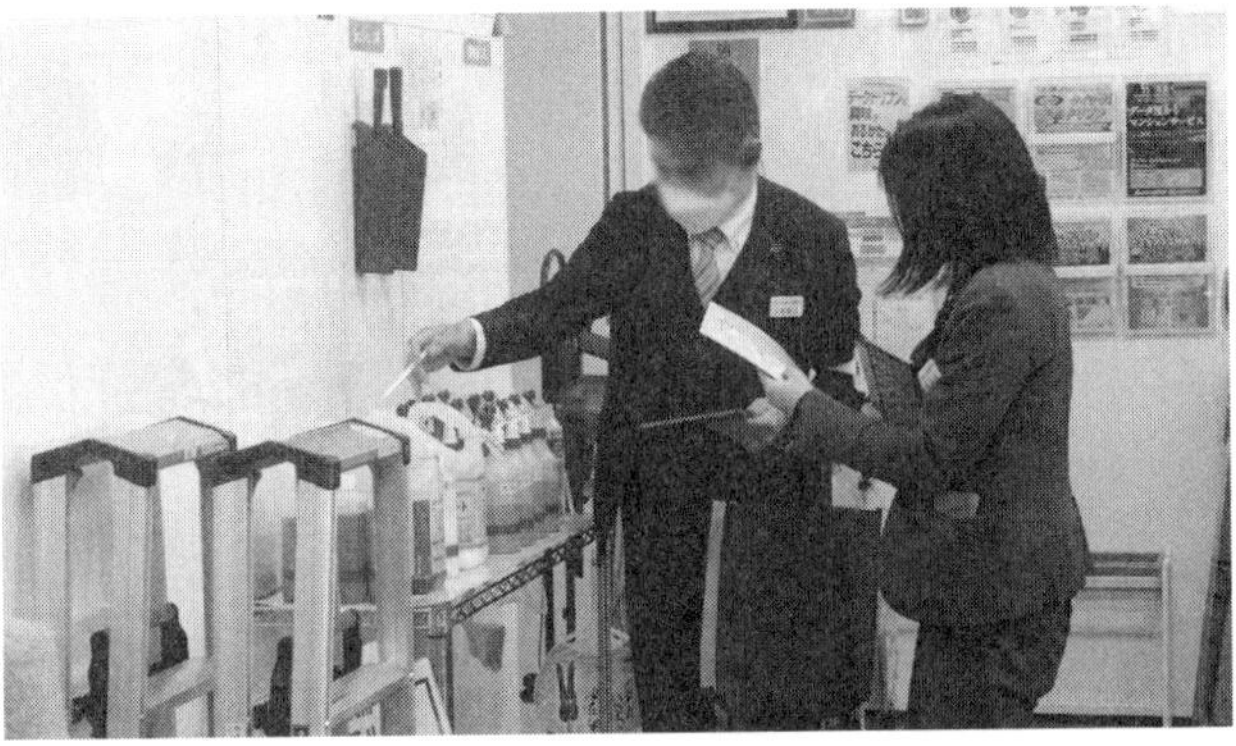

まずは社長が先頭に立って行う

方針で「誰」をお客様にするか決める

■お金を払ってくださる人だけがお客様か

業績を左右する四つの重点方針についても解説しましょう。まずは**「お客様に関する方針」**です。

みなさんは、誰が自社のお客様なのか理解しているでしょうか。

「お金を払ってくださる人がお客様」

そう答える社長は視野が狭いと言わざるを得ません。お金を払ってくださる人はたしかにお客様ですが、すでに顕在化しているお客様であり、マーケットにはこれからお金を払ってくださる可能性のある潜在的なお客様もいます。

ならばマーケットにいる人全員がお客様かといえば、それは広く取りすぎです。重要なのは、誰をターゲットにするかを決めること。既存のお客様、新規のお客様も含めて、誰を相手に価値を提供するのか。それを明確にしておかないと、マーケティング戦略や営業戦略を立てられません。

「お客様に関する方針」では、基本としてまず自社のお客様を決めます。武蔵野の経営サポート事業は「基本」としてこう書いています。

「武蔵野流の経営手法や考え方を、経営者と幹部をはじめとした従業員が、時と場所を共有して学び、そのまま真似して実践する企業や組織がお客様です」

これに照らすと、社長だけが勉強すればいいと考えている会社や、武蔵野流をマネするつもりがない会社は、私たちのお客様ではないことになります。いくら経営に課題を抱えていても、お客様に該当しない会社にアプローチするのは時間のムダ。セミナーに参加いただけたとしても、求めるものが違うので、「武蔵野流はダメだ」とかえって悪い評判につながりかねません。それならば最初から対象外にします。

売っているのは商品ではなく「価値」

■自社商品・サービスの強みは?

定義することが欠かせないのは商品も同じです。

ボールペンメーカーの商品は、ボールペンでしょうか?目に見える商品は確かにその通りですが、本当は違います。売っているのは「字が書ける」という価値です。ただ、それでは解像度が低い。字を書ける文房具は他にもあるし、それこそ他にもボールペンはたくさんあります。扱っているボールペンの特性を突き詰めて考えると、「長時間使っても指が痛くならずに字が書ける」という価値を売っているのかもしれません。

提供する価値は、**「商品に関する方針」**の基本に明記して、全員で共有します。提供する価値が明確になれば、「その価値で喜んでもらえるお客様は誰か」「疲れずに字が書ける価値が求められているなら、ボールペン以外の商品でもいいのでは」と商品その他の戦略・戦術が決まっていきます。

長時間使っても疲れないボールペンは、おそらく競合もつくっています。それらと比較して自社の強みがわかれば、それも方針に明記します。

ただし、独りよがりで考えてはダメです。自社商品の強みを知っているのはお客様です。社長は「グリップのほどよい柔らかさ」が強みだと決めつけていたが、お客様にアンケートを取ると「しっかりしたグリップなのに、それが目立たないデザイン」が評価されていることもありえます。自社の商品の強みは、お客様の声を聞いて見極めてください。

重点商品は粗利益に注目して決める

■「今売れていること」以外に注目すべき点

「商品に関する方針」では、重点的に何を売るかも決定します。重点商品の決め方はいろいろあります。お客様が答えを知っているという意味では、今売れている商品をさらに売るのが基本です。

その他、**粗利益率**も考慮したいところです。「売価120円」の以下の二つの商品を売っていたとします。

・商品A　仕入40円、粗利益80円（粗利益率66％）、販売個数10個
　　→売上1200円、粗利益額800円
・商品B　仕入80円、粗利益40円（粗利益率33％）、販売個数20個
　　→売上2400円、粗利益額800円

この二つを合計すると、売上は3600円で、粗利益は1600円です。

商品構成を変えて、粗利益率の高い商品Aを重点化すればどうなるでしょうか。

マーケティングや営業の結果、商品AとBの販売個数が逆になると、売上や粗利益は以下のようになります。

・商品A　仕入40円、粗利益80円（粗利益率66％）、販売個数20個
　　→売上2400円、粗利益額1600円
・商品B　仕入80円、粗利益40円（粗利益率33％）、販売個数10個
　　→売上1200円、粗利益額400円

これを合計すると、売上は3600円で変わりませんが、粗利益額は1600円から2000円となり、儲けが400円増えます。同じ売上、同じ販売数量でも、商品構成を変えると粗利益額が変わります。

重点商品を決めるときは、つい売上に注目しがちです。ただ、目標数字の決め方のところで説明したように、ほしい利益が出発点で、その利益を得るための売上目標が最後に決まります。本当に注目しなければいけないのは利益です。その点を忘れないようにして重点商品を決めましょう。

販売は「単価」より「数」を増やす

■値引きについてのルールも明記する

「営業に関する方針」についてもポイントを二つ紹介しましょう。

一つは、**既存のお客様と新規のお客様で方針を分ける**こと。

新規のお客様は、自社の存在や商品を知りません。まずは認知してもらうことから始める必要があります。

一方、既存のお客様はすでに会社や商品を認知していますから、関係性をどうやって深くしたり維持するかについて考えなくてはいけません。おのずと方針が異なりますから、分けて整頓したほうが社員は混乱が少ないと思います。

もう一つは、**数を増やすことに注力する**ことです。売上や利益を増やす方法は二つあります。一つは付加価値を高めて値上げをすること。もう一つは同じ価値で同じ単価ですが、数を増やすことです。

数を増やす方法も、新規と既存で違います。新規のお客様なら、まさにお客様の数を増やすことが販売数量の増加につながります。それに対して既存のお客様は、繰り返しリピートしてもらう、利用回数を増やしてもらう、一緒に他の商品を買ってもらうといったやり方で販売数量を増やすことを狙います。

どのようなやり方で数を増やすのか。それを方針にしっかり書いておきましょう。

とくに注意したいのは値引きについて。販売数量の数を増やすために個別に値引きしたり、割引キャンペーンをやることもあるでしょう。

しかし、値引きしすぎると販売数量が増えているわりに売上は伸びず、固定費を考えると赤字になるケースも起こりえます。値引きはどのような場合に許されるのか、明記して共有することが重要です。

ランチェスター戦略で「数」を増やす

■ライバルに勝つための戦略をつくる

「人口が減ってマーケットが縮小している中で数を増やすことは難しい」

小山が数を増やすことの重要性を説くと、このような反論をする社長が少なからずいます。評論家も「規模を追求するのではなく、イノベーションを起こして高付加価値へ」とけしかけるため、その気になってしまうのでしょう。

しかし、あきらめるのが早すぎます。マーケットが縮小すれば全体の数が減ることはたしかです。ただ、マーケット内でシェアを高めれば数を増やせます。要はライバルに勝てばいい。もちろんライバルに勝つのも簡単なことではありませんが、中小企業にとってはイノベーションを起こすよりずっと現実的です。

ライバルに勝つために決めるのが**「ライバルに関する方針」**です。ここでは、どのような会社がライバルか、ライバルと何を差別化するか、ライバルの情報をどうやって収集するかを明記します。

具体的な戦略として中小企業が押さえておきたいのが**「ランチェスター戦略」**です。ランチェスター理論は、第一次世界大戦のとき戦争で敵に勝つために生み出された数理理論です。シンプルにいえば「武器の性能が同じなら数が多いほうが勝つ」という法則であり、ある戦場で1位が2位に圧倒的な兵数差（一対一なら3倍、複数が参戦する広域戦なら1・7倍）をつけると、計算上、逆転は不可能とされます。

この法則をビジネスにあてはめたのがランチェスター戦略です。市場でライバルに3倍（1・7倍）の差をつければ、そのエリアでの勝ちが決まります。

問題は、どうやってライバルに3倍（1・7倍）の差をつけるかです。

実は答えは簡単です。エリアを狭めて兵力（社員、お金、ノウハウ）を集中させます。

リソース豊富な大企業に全国で勝つのは至難の業です。しかし、ある地域に兵力を集中させて局地戦を挑めば、そこでは兵力が上回って一点突破できます。そうやって圧倒的シェアを取って勝利を盤石にした後で、次に見込みのある地域で同じことを繰り返せばいい。


数を増やそうとしていきなり商圏を広げる社長もいますが、逆効果です。中小企業がそれをやると兵力が分散して各地で負けてしまいます。ライバルに勝つには、ある地域を捨ててでも、勝てる可能性のある地域に商圏を絞り込むこと。それを徹底すれば、マーケットが縮小する中でも数を増やすことができます。

クレームは「事を大きくする」が正解

■発生の責任ではなく、報告の責任を負わせる

「クレームに関する方針」で強調したいのは、**責任の所在**です。

武蔵野は、方針に「発生の責任は社長にある」と明示しています。ゆえにクレームが起きても「発生の責任は一切追及しない」ことになっています。

社長の責任で本来は対処も社長が行うべきですが、現実的に社長一人では受けきれないので、社員が社長に代わって対処します。具体的には、すべての業務に最優先して、当事者と上司がおわびと事実確認にいきます。

クレームに関する方針は報告を促す仕組み

クレームに関する方針

1. 基　本

(1) **全ての業務に最優先とする。**

(2) **発生の責任は一切追及しない。発生の責任は社長にある。**

お客様の目から見た業務改善点の指摘です。本来は全て社長が受けるべきであるが、社長一人で受けきれないので、社長に代わって対処する。

(3) 当事者と上司がお詫びと事実確認に行く。お客様の前に顔を出すことが大事です。対策は後でよい。対応は一人では絶対に行かない。

(4) 上司が出張等で対応できない場合は、同じ職責の責任者が対応する。

(5) 解決して、人・組織が成長する。

2. 対　処

(1) 発生したら、現場から事実だけをすぐに上司に報告する。事を大きくする。

(2) お客様への第一報は30分以内とする。

(3) 解決するまで何回でも足を運ぶ。お客様、上司に対応する毎に中間報告を行う。

(4) 不当要求の初期対応は上司に報告して、慎重に対応する。

(5) 物損クレームはお客様自身に購入していただく。

必要なお金は我が社で出し、処理は丁寧にお願いする。安くなくてよい。

(6) 費用の発生、並びに訴訟につながるものは当日中に「クレーム報告書」を記入し、社長へ提出する。

74

再発防止などの「対策」は後でいい。対策より「対応」が先です。

クレームを起こしても当事者は責任を追及されませんが、一つだけ責任を負います。報告の責任です。

現場の良い情報は上司に上がってこなくても会社は傾きません。しかし、悪い情報は違います。「これくらいはたいしたことがない」「怒られるのは嫌だから黙っておこう」と報告を怠ると、問題が深刻化して取り返しがつかなくなるおそれがあります。

クレームは現場で丸く収めて起きなかったことにするのではなく、むしろ事を大きくして「大変です！」と上司に報告することが正しい。それが会社を救う道です。

とはいえ、社員は「報告したら何か不利になるのでは」と考えがちです。そうした不安を取り除くため、「発生の責任は一切追及しない」と明記します。

一方、報告を怠ったときにはペナルティーがあります。これも60期まで方針に明記していました。報告さえすれば後は責任を問われず、逆に隠すと責任を問われる。この両面作戦でクレームが可視化される体制を整えました。

第 5 章

つくって終わりにしない経営計画書の使い方

つくっただけでは魔法はかからない

■文字でまとめたものの弱点

経営計画書で会社が変わります。

そのためには**経営計画書を「使う」こと**。経営計画書に方針を書いただけでは、方針は社員に浸透しません。繰り返し読んで、使って初めて魔法が会社の隅々に行き渡ります。

そもそも経営計画書をつくって配布しても、放っておけば社員はページを開くことすらしません。机やロッカーにしまっておしまいです。ページを開く習慣を意図的につけさせないと、方針はまさしく絵に描いた餅で終わるでしょう。

ならば、**とにかく読ませればいいと考えるのも間違い**です。

たしかに机にしまいっぱなしの状態より、ページを開く機会をつくったほうが100倍マシです。しかし、一人で読むだけでは、同じ方針を読んでも人によって解釈に違いが生じます。それでは会社を変える力になりません。

私が社会人になったころは、友人知人との連絡手段は電話が主流でした。電話はアナログなツールであり、声の大きさやトーンで感情の微妙なニュアンスが自然に伝わりました。うまく伝わらずに誤解が生じていたとしても、それを察知して説明し直すこともできました。ゼロとは言いませんが、自分と相手の解釈に違いが生じづらい連絡手段でした。

しかし、メールは違います。自分は親しみを込めて書いたつもりでも、相手に「馴れ馴れしい」と受け止められたり、逆に簡潔に要点だけを書いたのに「そっけない。怒ってるのかな」と思われたりします。もちろん文章で感情を表現することは可能ですが、声や顔の表情が持つアナログな情報は削ぎ落されてしまうため、自分と相手の間で解釈の違いが生じやすいです。

文章の精度を高めればいいという話でもありません。同じ文章でも、イライラしている人が読めばネガティブに受け取りやすいし、注意力が散漫な人が読めば重要な点を読み飛ばしたりします。読み手によっても解釈に差が出てしまうのが文章のウィークポイントです。

■読ませるだけでは解釈がそろわない

経営計画書も同じです。書かれた方針には、それぞれに社長の思いや社会状況などの背景があります。

しかし、**文章でわかりやすくシンプルに伝えようとすると、背景にあるものがどうしても削ぎ落されてしまいます。**

また、同じ方針でも、社歴20年のベテランと入社したばかりの新人が読めば受け取り方が変わったりします。お子さんがいる社員といない社員、バリバリ働きたい社員とマイペースで働きたい社員、創造的な仕事が好きな社員とコツコツやる仕事が好きな社員も同じ。その人が置かれた状況やキャラクターで解釈に違いが出ます。

全社員が経営計画書を読んでも、社員によって解釈が異なれば、経営計画書が共通の言語、共通の価値観になりません。言語、価値観がそろわなければ、社員が向く方向や行動がそろわず、会社を変える力になり得ないのです。

方針は「解説」して共通の言語になる

■フェイス・トゥ・フェイスで行うこと

言葉や価値観をそろえたければ、**言葉の解釈をそろえるプロセス**が必要です。

学生向けの就職説明会で、懇親会について説明するとき、私は経営計画書の「コミュニケーションに関する方針」のページを示して、こう言っています。

「見ていただくとわかるように、武蔵野はさまざまな懇親会が仕組み化されています。お酒を飲める人は楽しいですよ。もちろん飲まなくても、飲み会の場の空気が好きな人は合うと思います」

これは本当のことで、武蔵野には飲まない社員もいますが、懇親会が嫌いという社員はほとんどいません。「飲みにケーション®」についてはさまざまな意見があると思いますが、これが武蔵野のカルチャーです。

ただ、最近の若い人は「飲み」というワードが入っただけで身構えます。「飲み」は必ずしもお酒を飲むことに限らないし、居酒屋で上司が部下にこんこんと説教するような昭和の飲み会ではないですが（武蔵野の懇親会は開催方法や禁止事項が決まっていて、それも方針に明記されています）、まさに解釈の違いで拒否反応が起きる。

このギャップを埋めるには、**フェイス・トゥ・フェイスで説明する**機会が必要です。

就職説明会で、私は学生のみなさんに次のように話しています。

「みなさんはおいしいものを食べているとき、どんな表情になりますか。思い浮かんだ様子を紙に書いてください」

最近の若い人は、口頭で直接質問すると、心の中に答えがあっても恥ずかしがって「わかりません」などと言葉を濁します。しかしいったん紙に書いてもらって、「何と書いたか読んでください」と言えば、素直に読んでくれる。ちょっとしたテクニックです。

少し脱線しましたが、先の質問に対して返ってくる答えは、かなりの確率で「おいしいものを食べると笑顔になる」です。

それを確認したら、続けてこう解説します。

「武蔵野と縁があってもなくても、ここにいるみなさんはいずれどこかの会社に入社します。そこで働き始めて何か相談事ができたとき、笑顔で話したことがあるAさんと、仕事上のつきあいのみでプライベートは一切ナゾのBさん、どちらが相談しやすいですか。おそらくAさんですよね。社内で会議するのではなく、わざわざ懇親会を開いて飲み食いするのは、単なるレクリエーションではありません。みなさんが働きやすい職場をつくるための施策の一つなんです」

ここまで解説すると、最初に「懇親会が多い」と聞いて引いていた学生も納得の表情に変わります。

もちろん解説を聞いた後に「自分は仕事だけのドライな関係が楽」という人がいてもいい。しかし、少なくとも「飲み」に対する解釈の違いはなくなったわけです。

学生のみなさんに対して解説するケースを例にしましたが、社員に対しても同じプロセス、つまりフェイス・トゥ・フェイスで中身や背景について解説する機会が必要です。それで解釈のズレをなくしてこそ、経営計画書が共通の言語、共通の認識、そして共通の道具になります。

「親孝行手当」の対象は「両親」のいる社員だけ!?

■「当然伝わる内容」も伝わらない

文字だけでは解釈の違いが生まれやすいことをわかっていただくために、もう一つ事例を紹介します。

就職説明会で、「親孝行手当」について解説したときの話です。親孝行手当は、新卒社員が入社して最初のGWに帰省して両親に感謝の言葉を伝えてくれれば、交通費を支給する仕組みです。2・5グループ（係長）に昇進した際にも両親との食事会のための費用を支給します。

方針の解説が必要な理由

⑸　親孝行手当

①　新卒社員はGW中に帰省し、両親に感謝の言葉を伝えてくれれば、交通費を支給する。

②　2.5G(係長)以上に昇進した際は、両親と食事会を開く。感謝の言葉を伝え、新しく作成した名刺を渡し、名刺を渡している写真を撮る。**食事代（親一人1万円を使い切る。）と交通費を支給する。ただし、都内は交通費を支給しない。**

③　**昇進日付から3ヶ月以内に実施する。役職復帰の場合は該当しない。**

↓

ひとり親の社員には支給される？

支給されない？

↓

支給される！

人によって解釈が異なる内容を
解説してそろえる

この手当を解説していたら、ある学生からこう質問されました。

「うちはひとり親です。ここには『両親』と書いていますが、ひとり親家庭も対象になりますか」

答えはもちろん支給です。むしろ苦労して子どもを育てたひとり親の親御さんに新卒社員は帰省して感謝を形にして伝えるべきです。

会社としては当然そのように考えていたので、方針も「両親（ひとり親を含む）」というように注釈はつけていなかった。

現在も文章がくどくなるため注釈はつけていませんが、**こちらが当然伝わると思っていた内容も人によっては解釈が異なる可能性がある**ことをあらためて実感した出来事でした。

解説役を人に任せてはいけない

■社長が語らないと社員には届かない

方針を社員に解説するときのポイントを二つご紹介しましょう。

もっとも大切なのは、**社長自身が解説する**ことです。

方針のつくり方はさまざまですが、最終的に決定するのは社長であり、そこには社長の思いが込められているはずです。ただ、文章化するときに思いの部分は削ぎ落されがちで、解説で削ぎ落された部分を補う必要があります。

では、誰が社長の思いを語ればもっとも伝わりやすいのか。

当然ですが、社長本人です。内容を誰かに代弁させることはできますが、目標達成に向けた意気込みや現状への危機感、社員を大切に思う気持ちなど、熱量がともなうところは本人が直接語らないと届きにくい。

ところが、解説役を幹部に任せてしまう社長が少なくありません。社長が多忙で一部を幹部に任せるくらいならいいが、社長が直接解説するのは新しい経営計画書を配るときだけで、あとは「よきに計らえ」になっています。

原因はいくつか考えられます。まず、社長が経営計画書をつくっただけで満足していること。経営計画書は使って初めて〝魔法の書〟になることを知らないのでしょう。

■方針の内容を本当に理解しているか

社長自身が方針をよく理解していないパターンもあります。

経営計画書作成の初年度は、原則的に武蔵野のマネをして方針をつくってもらいます。ただし、書いていいのは自社ができることだけです。それなのに背伸びをして理解しないまま方針を書き写した結果、「なぜこの方針が必要なのか」「この方針を実行すると、どんないい未来が待っているのか」を説明できない社長もいます。

最初は自分で解説していた社長も、肝心なところで解説に窮《きゅう》すると、もういいやと途中で投げ出します。社長が理解していないものを幹部が代弁できるわけがない。当然、社員は混乱して解釈が人それぞれになってしまいます。

あとは単純にサボっている社長も少なくない。いずれにしても、方針の解説は社長がリーダーシップを発揮して本人がやるべきです。それを肝に銘じてください。

同じ話を繰り返す。しかし順序は変える

■6回繰り返して6割伝わる

二つ目のポイントは、**繰り返し語る**ことです。

方針を一度解説しただけで完璧に理解して実行に移せる社員は、中小企業にほとんどいないと考えてください。頭のデキとは関係がありません。普通の人は、自分の関心のないことを聞いても内容が右の耳から左の耳に抜けていくものです。しつこいくらいに何度も解説してやっと理解し、さらに解説を重ねて「そういえばそうだった」と定着していきます。

小山はこう言っています。

「大事なことは6回繰り返して伝える。社員に『うちの社長はまた同じことを言っている』と思われて、ようやく全体の60％くらいが伝わる」

話上手な小山でさえ6回で6割です。私が同じことを社員に伝えようとすれば、さらに回数を重ねる必要があります。最初からそうした前提で解説するので、1回か2回で伝わらなくても腹が立ちません。「この前、説明したじゃないか」と怒ったら、その時点で説明する側の負けです。

解説は同じ内容を愚直に繰り返すことが基本です。ただ、「何度も言っているから大事なことだろう」と「いつも同じだからもう聞きたくない」とは紙一重。聞き手が飽きてしまわない工夫は必要です。

小山は毎回同じことを言いますが、話す順序はよく変えていました。

社員に対してだけではなく、お客様に対してもです。

武蔵野の取り組みを現場で見てもらう「バックヤードツアー」で小山が説明するポ

イントは毎回同じです。ただ、複数回参加するお客様のために、あえて順番を逆にして話すことがありました。**中身が同じでも、聞かせ方を少し変えるだけで人はアンテナが立ちます。**

いつもと同じ話を、いつもと少し違うやり方で聞かせる。それが関心を持たせ続けるコツです。

「経営計画発表会」は方針浸透の第一歩

■経営計画発表会はあくまでもセレモニー

社長は経営計画書をどのような場で解説すればいいのか。

武蔵野は、社員に方針を理解してもらうための機会や仕掛けを数多く用意しています。それらの概要を説明しましょう。

経営計画発表会は、毎年の期首に開催する、年に一度のビッグイベントです。その期に作成した経営計画書を社員や来賓に配布し、その期の目標や方針、事業年度計画などを発表します。いわば新しい経営計画書のお披露目会です。

儀式ですから、形には徹底的にこだわります。会場は、ホテルのバンケットホールを借ります。武蔵野は普段から広いセミナールームを借りて使っていますが、日常の延長ではダメ。特別なイベントですから、気持ちもスペシャルになるようにきちんとした会場を借りたほうがいい。

参加するのは、全社員。服装はスーツです。武蔵野は動きやすいユニフォームを着て行う事業もありますが、この日は晴れの舞台で、例外なく全員がスーツです。

当日は本番前にリハーサルを行います。本番では小山が方針を発表しますが、リハーサルも声を出して読んで「その方針を発表するのに何分かかったか」「その方針を発表し終えたのは式の開始から何分後か」を確認。あらかじめ決めてある式次第に書き込み、時間どおりに進行できるようにしています。

参加する社員も本番同様に動きます。いったん経験しておけば、「次は何をすればいいのか」と迷わずに済み、スムーズに式が進行します。

リハーサルが終われば、いよいよ本番です。

経営計画発表会は第一部と第二部に分けて行います。その期の方針が発表されるのは第一部。ぎりぎりまでロビーで時間を潰して、慌てて会場入りするような社員は一人もいません。私が入社した当時は、ほとんどの社員が慌てて入っていました。全員が着席した状態で、経営理念の唱和からスタートします。席は、当日に発表される「配布先一覧」の序列順です。前に座っている社員ほど序列が上になります。

来賓紹介や前期の実績発表などを行った後、「経営計画発表にあたって」を解説します。「経営計画発表にあたって」は社長の姿勢を示す文章ですから、まさに本人が思いを込めて語る必要があります。

続いて、今期の方針を発表します。第一部は2時間で、小山の持ち時間は70分。方針を解説する時間がないので、ここでは発表だけにとどめます。また、発表だけだとしても、すべてを読み上げる時間はありません。小山はあらかじめ変更箇所に蛍光ペンで色付けをしており、そこを中心に発表します。

変更点を読み上げるだけで方針が理解されるはずがない、と思った社長は大正解です。方針は繰り返し伝えなければ浸透しません。経営計画発表会での発表は、その長い道のりの第一歩となるセレモニーだと考えてください。

その後、事業年度計画の解説に入りますが、ここは時間調整のために設けており、方針の発表が長くなれば簡潔に済ませます。いずれにしても終了時間は厳守です。

厳粛に進行した第一部とは打って変わって、第二部は砕けた雰囲気の懇親パーティーです。飲食をしながら、社員による出し物やゲームを楽しみます。

リラックスムードの懇親パーティーでも、時間はきっちり守るのが武蔵野流です。第二部開始から1時間経過すれば、予定通りに中締めを行い、来賓をお見送りします。退出時間が決まっているので、来賓のみなさんも「いつ中座すればいいのか」と気を揉むことなくパーティーを楽しめます。

経営計画発表会で期の方針を発表する

第一部・第二部で
自社のリアルな姿を見せる

来賓に金融機関を招く理由

■社外に自社の姿を見ていただく

経営計画発表会について、入念にリハーサルしたり時間厳守で進めるという話を聞いて、「社内イベントでそこまでやるか」と疑問を抱く人もいるでしょう。寸分の狂いもなく式を進行することにはもちろん理由があります。それは**来賓として招いた金融機関のみなさんに自社を理解してもらう**ためです。

金融機関は会社の財務や事業の状況を見て、その会社に融資するかどうかを決めます。ただ、判断材料は現状だけではありません。これらの計画の定量情報がどのように展開していくかも判断材料の一つです。それゆえ長期事業構想書を記した経営計画書を金融機関にも配布しています。

実は金融機関が融資の判断のためにチェックするものがもう一つあります。**計画を実行に移せる組織力**です。

どれほど素晴らしい計画も、社長や社員がいい加減なら金融機関は信じてくれません。言ったことをきちんと守るかどうか。リーダーが方向性を示したときに、社員が一丸となってその方向を向けるのか。金融機関は、数字にはあらわれない組織の定性的な能力を加味したうえで融資を決めます。

経営計画発表会は、武蔵野が信用に足る会社だと金融機関のみなさんに肌で感じてもらう絶好の機会です。式次第どおりに進行するとか、社員が一糸乱れぬ動きをする様子を示すことで、「この会社は口先だけでない」と理解してもらいます。

経営計画発表会は特別なイベントであり、社員が普段から同じようにきびきび動いているわけではないことは、金融機関のみなさんも薄々お気づきだと思います。実際、リラックスムードの第二部で社員は普段と変わらない表情を見せています。そのギャップも含めて武蔵野のリアルな姿。ここぞというときに緊張感を持って事に当たれることが伝われば十分です。

社外に会社の姿勢やカルチャーを示すことも、経営計画発表会の大事な目的の一つ。ぜひ覚えておいてください。

「政策勉強会」で方針の変更点を解説

■全従業員が参加する

経営計画発表会では、変更箇所を中心に今期の方針を読み上げただけでした。方針を新しく追加したり変更したのはなぜなのか。その理由や背景を解説する場が、半期に一度開催する**政策勉強会**です。

経営計画発表会に参加できるのは社員だけですが、政策勉強会は全従業員参加が原則です。社員だけではなく、パート・アルバイトも対象です。みんなで言葉の意味や価値観を共有するための会です。

政策勉強会は半期に一度ですから、今期の変更点は上期の政策勉強会で解説することになります。

では、下期は何を解説するのか。実は期中にも状況の変化に合わせて方針を変える場合があります。コロナ禍では状況が日に日に変わるため、期首の一回の見直しではきかなかった。方針は随時見直して発表しますが、変更した理由や背景は下期の政策勉強会で解説します。

政策勉強会への参加は強制です。しかし、なかには運動会など家庭の都合で参加できない社員もいます。参加できなければ、後日、**欠席者勉強会**への参加を義務づけられます。

欠席者勉強会は、政策勉強会での方針解説を収録した動画を流して勉強します。

政策勉強会は全従業員が対象

方針の変更点を解説する

「朝礼」で毎朝、方針の読み上げを実施

■読み上げたあとは司会者が必ず二つ質問

日常的に方針の浸透を図る仕掛けが、**朝礼**と**早朝勉強会**です。

朝礼は事業所ごとに毎朝行われます。朝礼では、社員に声を出して方針を読んでもらいます。

好きなところを読むことにすると、社員は読むのが簡単な短めの方針ばかり選びます。まんべんなく読むように、今朝は「販売に関する方針」、明日は「新規事業に関する方針」というように、読むべき方針は毎日決められています。

朝礼で方針を読み上げる

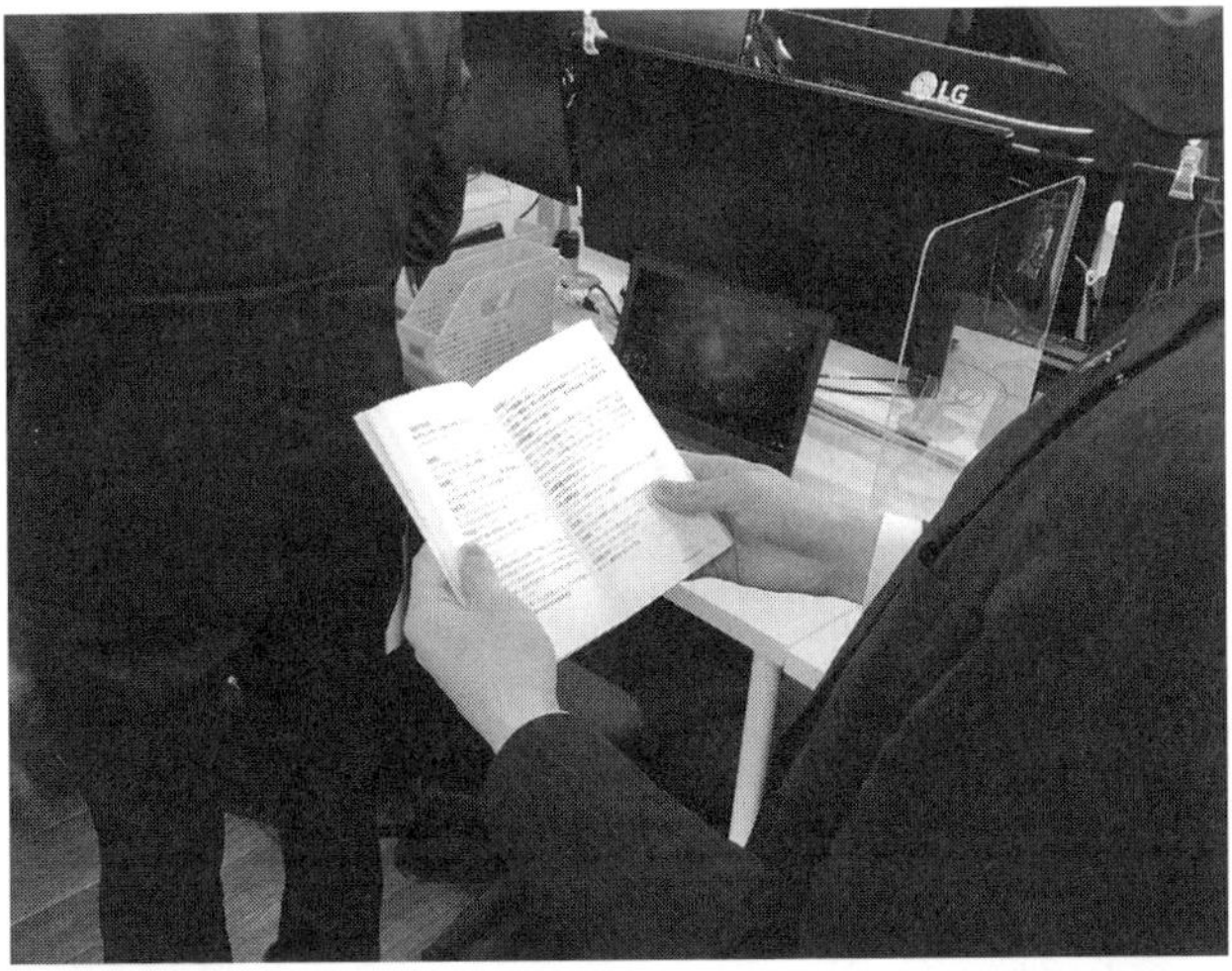

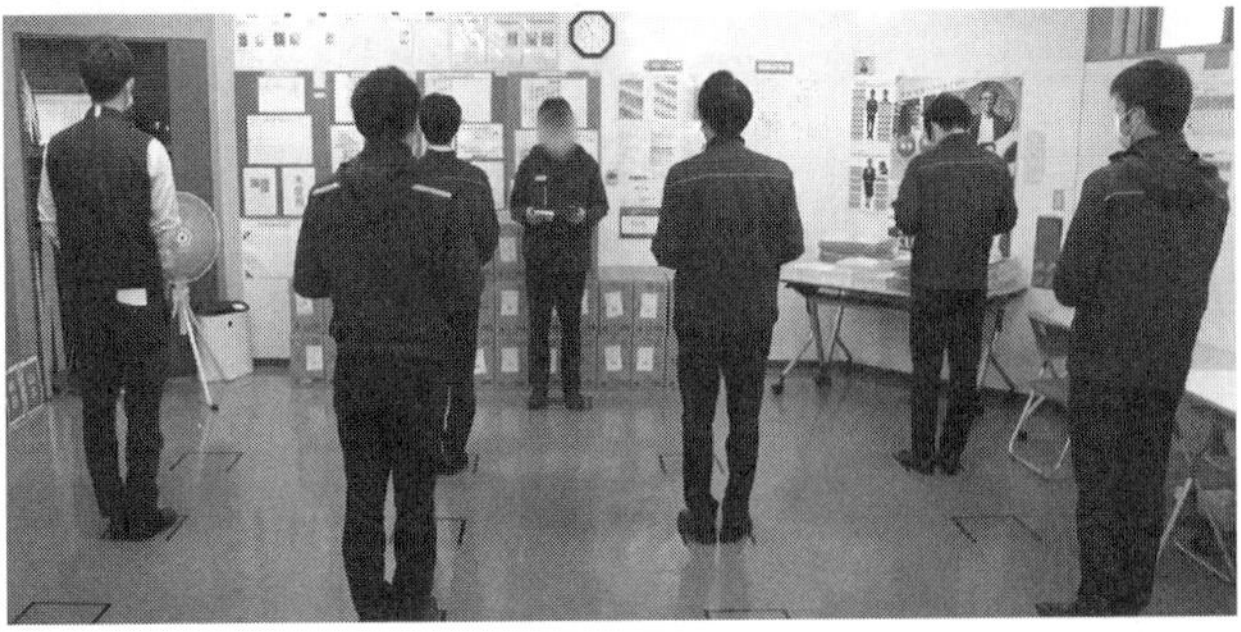

読む箇所はスケジュール化されている

一回の朝礼で読み切れないほど長いものは、「内部統制に関する方針A」「内部統制に関する方針B」と分割します。

その日に読むべき方針は、経営計画書の事業年度計画表に1年分、あらかじめ印刷されています（77ページ）。社員は毎朝それをチェックして、該当する方針のページを開けばいい。

読むだけでは頭に入りませんから、読み上げた後には司会者、進行役が該当する方針について2問、質問をします。誰が当たるかわからないので、社員は緊張感を持って方針を読みます。

実は朝礼で読むのは方針だけではありません。昔は方針に入っていたものの経営計画書のスリム化によって外されたものや、方針には明記されていないカルチャーや考え方などは、小山の著書『【改訂4版】仕事ができる人の心得』（CCCメディアハウス）にまとめられています。これは武蔵野の用語集。「営業とは……」「人件費とは……」というように、仕事で使う言葉を小山流の視点で解説しています。朝礼ではこの中から毎朝二つ選んで読み上げます。

「早朝勉強会」は幹部の失敗談で盛り上げる

■一方通行の場にしないこと

一方、週1～月1回で実施しているのが**早朝勉強会**です。リアル開催は月1回。あらかじめ収録した動画を視聴するオンライン開催は週1回です。

講師を務めるのは小山です。テキストは経営計画書と『【改訂4版】仕事ができる人の心得』。その中から小山がチョイスしたものを45分かけてたっぷり解説します。単に理由や背景を教科書的に解説するのではなく、

「以前、武蔵野ではこんなことがあった」

「役員の誰々がこんな失敗をしたから、この方針が追加された」と事例を織り交ぜながら教えてくれるので、社員は自分事として理解できます。社歴の長い私もよく槍玉にあげられます。

「佐藤は入社当時、文句ばかり言っていた。『仕事はマネだ』と言っているが、みんなは文句ばかりはマネしちゃいけないよ」

私は赤面する他ないですが、幹部や管理職の失敗談は教育効果がバツグンです。社員はクスっと笑って小山の話に耳を傾けるし、「今偉そうにしている役員も昔はダメ社員だった」と勇気づけられます。社員の意識が変わるなら、私も喜んで犠牲になります（笑）。

早朝勉強会も、一方通行にはしません。

リアル開催では、小山の講義後、社員が順番に感想を発表していきます。全員で15分なのでたいしたことは言えませんが、何か一言でも感想を言わなくてはいけないとなると社員は居眠りできなくなります。

早朝勉強会では方針を解説

解説後、社員は感想を発表する

感想発表の順番は職責が下の社員からです。下の社員がそれなりに立派なことを言えば、上の社員は適当なことを言えません。一方、順番を逆にすると下の社員は「私もそう思います」と同じことしか言わなくなり、気づきが生まれません。

オンライン開催では感想発表のかわりにテストを必ず行っています。10点満点で8点とれるまで繰り返します。85%以上視聴しないと更迭です。過去に更迭されたのは本部長1人、次長1人、課長2人の4人です。

アウトプットする機会を強制的につくるからこそ、社員は必死になってインプットするのです。

方針を学ぶ機会を制度として埋め込む

■繰り返し勉強し、浸透し、魔法がかかっていく

経営計画書の中身は経営計画発表会で発表して、政策勉強会で方針の変更点を中心に解説して、早朝勉強会でさらに深掘りし、朝礼で身近なものにしていく。これが方針を浸透展開するときの基本的な流れです。

ただ、方針は何度も繰り返し解説して少しずつ浸透していくものです。基本の流れ以外にも、さまざまな機会を設けて定着を図っています。主なものをご紹介しましょう。

・全社員勉強会

年に3回開催される勉強会です。全社員と銘打っていますが、対象は1～2グループの一般社員です。武蔵野は2・5グループが係長級。1～2グループ新卒から社歴数年の若手社員が中心になります。

数年前から幹部が方針解説の一部を担当するようになりました。私が解説することもあります。社長の決めた方針を本人が見ている前で解説するのはなかなかの緊張感です。小山はあえてプレッシャーをかけて幹部を育てようとしているのだと思います。

さらに61期からは、本部長以上の社員が解説を担当しています。詳しくは次章でお話しますが、現在、武蔵野は経営計画の策定にミドルマネジメント層が深く関わるようになりました。本部長以上なら、方針変更の理由や背景についてかなりの程度を理解しています。完璧ではありませんが、だから先生役になった社員は必死に理解を深めようと勉強する。これも教育の一環です。

方針解説ができるのは入社10年以上の部長職以上の社員です。

全社員勉強会では、感想発表のかわりに簡単なテストを実施します。答案用紙には、

全社員勉強会では幹部が方針を解説

幹部の教育にもなる

ところどころ空欄になった方針が書かれています。それを埋めていくテストです。

答え合わせのときは、答案用紙を隣の人と交換。「1番の答えは何ですか」「○×どっち?」と一人ずつ当てて答えを言ってもらいますが、当てられた人は隣の人の答案を読む形になります。自分の答案ではないので間違えても恥をかかずに済みます。

隣の人が優秀で満点を取れば、発表者が賞金1000円をもらえます。気の利く社員は隣の人と賞金を山分けしますが、ここで「半々でいい?」「いや、回答したのは自分だから8:2がいい」とコミュニケーションが生まれます。勉強会でしか会わない社員とも、こうやって関係性が構築されていきます。

・個人教室

先輩社員が後輩社員を指導する少人数制の勉強会です。

事業部ごとに行うので商品知識など実務的なテーマが多いですが、方針を解説することもよくあります。

進め方は、かなりユニークです。先生役は1~3人で、生徒は一人の先生につき3

人まで。つまり最大で9人の社員が生徒として参加できます。

先生がA先生からC先生まで3人いたとしましょう。その日のテーマは固定されていて、先生3人は同じテーマで生徒に講義をします。講義時間は30分です。第1回目の講義が終わったら、次は先生と生徒の組み合わせを変えて講義を実施。さらにもう1回組み合わせを変えて、計3回90分の講義を行います。先生から見れば同じ内容を3回話し、逆に生徒から見れば、3人の先生から同じテーマでそれぞれ異なる講義を受ける形になります。

先生役の先輩社員は慣れていないので、どうしても教える内容に濃淡が出ます。しかし、本当に重要なところは3人とも欠かさず話すでしょう。また、A先生がうっかり教え忘れたところも、他に二人いればカバーできる可能性が高い。このやり方なら、生徒役の社員は、重要なところを繰り返し3回聞き、同時に重要度が高くないものも抜け漏れなく聞くことが可能です。

先生役も成長します。個人教室の最後に生徒役の社員は感想文を書いて提出します。

放っておくと「とても勉強になりました」の1行で終わるので、感想文は15行以上を義務づけています。先生役の社員は、その感想文を他の先生たちと一緒に読んで今日の振り返りをします。

他の先生たちと比較することで、「自分はこの部分の理解が間違っていた」「自分はここをうまく伝えきれていなかった」と気づきが生まれます。

・バスウォッチング

方針が社内でどのように実践されているのか。武蔵野の全事業所を回って、その実例を見に行く勉強会がバスウォッチングです。

武蔵野の方針は、抽象的な理念というより具体的な決めごとに近いものです。ただ、それでもマニュアルとは違うため、各事業所で工夫の仕方が違ったりします。そこで他の事業所ではどんな工夫をしているのか、見学して回ります。

バスウォッチングは年16回。社員やパート、アルバイトを5組に分け、その名の通りバスに乗せてツアーを行います。

先輩→後輩、社内の横展開でも方針を学ぶ

・個人教室

・バスウォッチング

参加者は気づきを50個書いて提出する必要があります。大切なのは質より量。50個あげようとすれば、否が応でも真剣に観察せざるを得ません。参加者には50個あげたなかから、「これはマネしたい」と思ったものを一つ選んでもらい、実際にそれぞれの現場で実践してもらいます。こうして方針の良い実践例が社内で横展開されていきます。

フィクションに登場する魔法使いは最初から魔法が使えるわけではありません。たいていは呪文を覚えたり、厳しいトレーニングを積んで立派な魔法使いへと成長していきます。経営計画書も、社員が勉強を重ねて実践を繰り返すことで、本物の〝魔法の書〟になっていきます。

第6章

経営計画書を「幹部」とつくる

経営計画書は毎年アップデートする

■「これが常に正しい」はない

経営計画書は毎期、新しいものを作成します。「同じ事業を継続するのだから内容は同じでいい」と考える人がいるかもしれませんが、それは間違い。会社や市場は刻々と変化するから、それに合わせて戦略や方針が変わるのがあたりまえ。毎期、アップデートが必要です。

武蔵野も外部環境の変化に合わせて大胆なアップデートをしています。

以前の武蔵野は、営業戦略を経営戦略の中心に置いていました。人口が増えている時代は、業務の担い手に困りません。供給力のことは気にせず、お客様の数をいかに増やすかが勝負の分かれ目でした。

しかし、人口が減る時代は違います。お客様のニーズは十分にあって、むしろ人材を確保してサービスを安定的に供給できるかどうかが会社の成長を左右します。そうした時代背景を考えると、主軸となる戦略も営業戦略から人材戦略へとシフトする必要があります。

実際、武蔵野は長期事業構想書の「基本」(1)、つまり経営計画書の一丁目一番地に当たる部分に、こう書くようになりました。

「人材戦略に特化した方針に大転換する」

各方針も人材戦略の色が濃くなり、具体的な施策も次々に打ち出しています。

退職者には「カムバックチケット」を配布しています。退職者向けの懇親会を開催して関係を継続し、本人が望めば再雇用する仕組みを整えました。数年前まで、「辞めたい社員を引き留める必要はない」と言っていたことを考えると、まさに大転換です。

この仕組みを使って、武蔵野に4年勤務した社員が退職後、1年半してまた戻ってきて現在は課長に復帰したケースもあります。

社外を経験したうえで戻ってくるので二度目は定着の可能性が高いと期待していますが、そもそも最初に退職した原因が解決していなければ、再退職してしまうおそれもあります。それを防ぐために、退職時にヒアリングした内容や、人材の性格特性やメンタルヘルスの傾向に関する診断テストの結果をデータとして取っておき、再雇用後の配属の参考にするといった対策もしています。

かつての武蔵野を知っている人には「変節」や「日和見《ひよりみ》」に映るかもしれません。しかし、「成果が出ることが正しい」という姿勢こそ武蔵野流です。前期と言っていることが180度変わったとしても、人が辞めずに業績が上がるならそれが正解です。

社長だけがつくる経営計画書は危ない

■幹部が見直し、社長が承認する

経営計画書は毎期つくり直す必要がありますが、問題は誰がそれをやるかです。

経営計画書は、社員に共通の言語、共通の価値観で同じ目標に向かってもらうための経営ツールです。根本にあるのは社長の思いや考えですから、社長が中身を考えて決定することが基本です。

ただ、いつまでも社長一人で経営計画書をつくり続けるのは良くありません。武蔵野では、**「最初の1冊は必ず社長がつくり、幹部社員のレベルに合わせて数年後から**

社長と幹部が一緒につくったほうがいい」と指導しています。

実は武蔵野も36期までは小山が一人で作成していました。37期から幹部を巻き込んでつくり始め、徐々に権限委譲を進め、61期は幹部が中心になって作成しました。もちろん小山が入念にチェックを行います。また、「経営計画発表にあたって」のように社長の姿勢がストレートにあらわれるページは最初から小山が書いています。ただ、方針はほぼすべて幹部が原案をつくり、小山が承認する形になっています。

なぜ幹部がアップデートに関わる必要があるのか。

理由の一つは**コンプライアンスチェック**です。

良くも悪くも、中小企業のオーナー社長は個性が豊かで、自分なりの強い信念を持って経営をしています。それが社員やお客様、取引先を惹きつけて会社を成長させるエンジンになりますが、会社の規模が大きくなったり時代が変化していくと、それまでなんとなく許されていたことが許されなくなる場合があります。

社長自身がそのことに気づいて修正できれば理想的です。しかし、それまで積み上げてきたものが大きい社長ほど、自分の感覚を疑うことは難しい。上場企業なら株主がチェック機能を果たしますが、非上場の中小企業はそれも困難です。

そこで幹部を作成のプロセスに参加させて、経営計画書の中身が現在の常識に照らし合わせておかしなものにならないように修正していくのです。


その観点で、61期の経営計画書は表現をいろいろ見直しました。

介護休暇について。60期は、経緯方針である「従業員重視」の中で、「介護休暇（無給）を与える」と書いていました。介護休暇は育児・介護休業法で定められた労働者の権利であり、要介護者一人（二人）に対して年間5日（10日間）まで取得できます。休暇中の賃金は会社しだいですが、中小企業は無給が現在のスタンダード。60期までの表現でも、コンプライアンス上は何も問題はありません。

ただ、これは「従業員重視」に書かれた方針です。読む人によっては、「与える」は会社からの上から目線で、社員が大切にされていないように感じるかもしれません。また、「与える」と書くと、会社が認めなければ取得できないと勘違いするおそれもあります。そこで61期は次のように書き換えました。

「育児休暇・介護休暇を取りやすい環境にし、休暇中も会社とのギャップが発生しないように配慮をする」

法定の介護休暇が取得できることは変わりありませんが、このように表現を変えると、介護で困っている社員に最大限配慮をする会社の姿勢が伝わります。

方針に違反したときの各種ペナルティーは、方針の中ではなく別途で規定を設けました。どんな会社でも規則に違反したときには何らかの罰則があるものですが、方針に明記すると、そこだけ切り取られて注目されるリスクがあります。あえて目立つところに書かなくてもいいというのが幹部たちの考えで、今回の修正に至りました。

社長一人では気が回らないところも、幹部が関わることで表現や内容に細心の注意を払えるようになります。いわば幹部は会社を守る盾です。

人の目を入れないと方針が「風景」になる

■社員に響く表現は時代によって変わる

表現を修正する目的は、コンプライアンス上のリスクを減らすことだけではありません。**社員の行動を変える**ことも大事な目的の一つです。

方針は、もともと社員の行動を変えるために作成しています。ただ、時代によって社員に響く表現は変わります。以前は通じた表現も、新しく入社した社員には通じないかもしれません。

小山は、何も考えずに同じ仕事を繰り返すだけの社員を「仕事が風景になっている」

と叱ります。実は社長自身も、自分の言葉が風景になることに気をつけなくてはいけません。小山はそのリスクを自覚しているから、幹部を経営計画書の作成に参加させます。

象徴的な例をあげましょう。環境整備は、武蔵野の企業文化の根幹をつくる重要施策です。土台ゆえに、環境整備に関する方針は不変のものだと考えられてきました。

しかし、環境整備に関する方針も聖域ではありません。

これまで30年以上、環境整備の目的として「職場で働く人の心を通わせ」という表現が使われてきました。しかし、「心を通わせ」は精神論のように見えて、今の社員にはよくわからないかもしれません。

そこで61期は幹部の発案で、「コミュニケーションを取りながら」と具体的な行動で表現しました。みんなで会話をしながら手を動かせば、おのずと心が通うようになります。伝えたいものは同じですが、新しい表現のほうがわかりやすく、誤解が生じにくいと思います。

経営方針の「お客様本位」の表現も変えました。従来は次の通りでした。

「『手帳型経営計画書』を組織価値観として、『環境整備』・『方針解説勉強会』を基本に企業文化をつくる」

「日本経営品質賞を2回受賞した実績を公開し、現実・現場・現物（人物）をブラッシュアップし続け、組織を進化させる」

「『経営の動くショールーム』としての商品価値を高める。経営サポートグループの成功事例を提供し、武蔵野ブランドを確立させ、他社にない『見る・学ぶ・体験する・共有する』実践型プログラムを充実させる」

従来はこれでやってきて、実際に成果も出ていました。しかし幹部から、「これはわが社寄りの文章じゃないか。本当にお客様本位といえるだろうか」と問題提起がなされました。たしかにここに書かれているのは自社の都合ばかり。お客様本位と言いつつ、「お客様」という言葉が一つも入っていませんでした。それに気づかないほど、私たちにとっても言葉が風景になっていた。

61期からは表現を次のように変えました。

「『手帳型経営計画書』の運用・活用を『環境整備』・『方針解説勉強会』で徹底し、『経営の動くショールーム』をアップデートさせることで、全事業部のお客様への提供価値を高める」

「お客様に喜ばれる期待人材モデルを明確にし、失敗しない採用と辞めない教育を徹底し、このノウハウをお客様に提供する」

「ライバルにない『見る・学ぶ・体験する・共有する』実践型プログラムを充実させる。お客様の現実・現場・現物（人物）が成長進化するサポートに力を入れる」

「日本経営品質賞を2回受賞した実績から学んだ様々な経営改善の取り組みを商品価値として、お客様に提供する」

取り組む内容が変わるわけではありません。しかし、表現を変えることで、自分たちはお客様に価値を提供する使命を持っていることが明確になりました。自分本位からお客様本位に表現が変わり、それが浸透すれば社員一人ひとりの行動も変わります。

その成果が出るのは1年先になりますが、今から楽しみです。

幹部の参加は社長が楽をするためではない

■まずは社長が手を動かさないと現場に落とし込めない

武蔵野は経営計画書をつくりたい社長向けに、経営計画書作成セミナーを行っています。本書で紹介しているのは基本のみ。セミナーでは、実習ワークで手を動かしてもらいながら深掘りして解説します。

セミナー受講後は、自己流に解釈して自社の経営計画書をつくろうとする社長もいれば、三日間の「経営計画書作成運用3days」に参加する社長もいます。合宿は、専用ソフトと自社の数字を使って本格的な利益計画をつくると同時に、方針や事業年度計画表を作成。合宿に参加して3日後には、金融機関が驚くレベルの経営計画書ができあがります。

セミナーや合宿は社長を対象にしていますが、実は幹部社員を連れてきて一緒に参加させる社長は少なくありません。

幹部と一緒にくる社長は二つのパターンに分かれます。一つは、いずれ幹部を巻き込もうと考えている社長です。すでに説明したように、経営計画書を社長一人がつくり続ける状態は、必ずしも褒められたものではありません。そのことはこれまでの小山の著書でも解説していますし、最初のセミナーでも幹部を参加させる重要性についてお話ししています。長期的な視点を持った社長は、それを聞いて幹部に学ばせようと一緒にきます。

一方、長期的な視点がみじんもなく、手足のかわりに幹部を連れてくる社長もいます。セミナーや合宿では自社の数字を使って実習ワークに取り組んだり実際の利益計画をつくります。その作業を自分でやりたくないので、数字に強い幹部を連れてきます。

しかし、**自分で手を動かさないと、「この数字にはどのような意味があるのか」「なぜこの数字が導かれるのか」といった知識が身につきません**。社長が理解できていない利益計画を現場に落とせば、失敗するに決まっています。計画どおりに進んでいないとき、数字がわからない社長はその原因を分析できません。結局は「とにかく根性で達成しろ！」と無理を押しつけて、社員の気持ちが離れていきます。

教育のために幹部を連れてくるのは大歓迎です。しかし、自分が楽をするために幹部を連れてくるのはダメです。少なくとも初年度は社長一人でつくってください。数年かけて社長自身がつくり方をマスターした後、徐々に幹部が関与する部分を増やしてください。

アセスメントで経営計画書をアップデートする

■五つの観点から今期の方針を評価する

経営計画書は具体的にどうやってアップデートすればいいでしょうか。幹部が参加するケースを紹介しますが、社長一人でつくるときも流れは同じです。社長一人でつくる場合は、一人で何役もこなすと思ってください。

武蔵野は経営計画発表会の約2カ月前の3月に、今期の**経営計画のアセスメント**を行います。参加するのは部長職以上の社員と、アセスメントプロジェクトのチームリーダーたち。大きな会場で、今期の各方針について、「実行できたかどうか」「実行した

アセスメントで各方針を評価する

段階的に幹部参加型に移行する

として成果が出たかどうか」を評価します。

成果といっても、方針によって求められる成果は異なります。そこで方針は**「リーダーシップ」「個人・組織能力」「戦略・プロセス」「お客様満足」「結果」**という五つの観点に分解したうえで評価を行います。

評価結果を見て、

「この方針は次の期も継続したほうがいい」

「成果につながっていないから修正すべき」

「いっそこの方針はなくして、新しい方針を追加したほうがいい」

と幹部が協議。修正や新設が必要なら、その場で幹部が原案をつくります。文言の修正や追加だけでなく、「〜に関する方針」というように新たにページをつくるなど、全体の構成も幹部が考えます。

それをまとめて小山に提出して、やりとりを重ねたうえで最終的に承認をもらい、来期の経営計画書が確定します。

武蔵野は幹部が作成にかかわるようになってから20数年が経過しています。幹部の経験値が積み上がっているので今は幹部主導で作成できるようになりましたが、もちろん一足飛びにここまできたわけではありません。自社の幹部のレベルに合わせて、段階的に進めていくといいでしょう。

セミナーに参加した会社のうち、社長と幹部、両方の意識が高い会社は2〜3冊目から幹部参加で作成していきます。

アップデートを幹部に少しずつ任せていく

■幹部教育として経営について考えさせる

ところで、小山はなぜ幹部を経営計画作成に関わらせるようになったのでしょうか。背景にあったのは日本経営品質賞です。武蔵野は2000年に日本経営品質賞を受賞しました。選出理由の一つは、小山の強力なリーダーシップのもとで経営改善を重ねたことでした。

実際、90年代は小山が社内のあらゆる課題について考え、下に指示を出していました。幹部を含めて社員は自分で頭を使って考える必要なく、指示通りに動いていれば評価されました。完全なトップダウン経営です。それで成果が出ていたので日本経営品質賞も取れました。

ただ、完全なトップダウンでうまくいくのは、規模が小さいうちだけ。ある程度大きくなると、組織の隅々まで社長の目が行き届かなくなり、組織力が低下したり成長が鈍化します。また、日本経営品質賞に挑戦したことで社員全体のレベルが底上げされて、何から何までトップダウンでやらなくても事業が回るようになってきました。

そこで小山は２００４年に、トップダウン経営からボトムアップ経営へ移行することを宣言。社員教育をさらに拡充して、現場社員が自分の頭で考える仕組みを構築していきました。

その結果、２０１０年に2回目の日本経営品質賞を受賞します。同じ会社が日本経営品質賞を取ったのは武蔵野が初めて。このときの選出理由は次の通りでした。

「株式会社武蔵野は、２０００年受賞時の『社長のトップダウン経営』から、10年を経て顧客の声を現場の価値創造に結び付けるために、過去の経験則よりも現場の事実を重視した『社員主体の自律的経営体制』に変革した。」（日本経営品質賞ホームページより）

まさにトップダウン経営からボトムアップ経営への転換が評価された。

実は武蔵野で幹部が経営計画書作成に関わるようになったのは37期（2000年度）、つまり1回目の日本経営品質賞の受賞時でした。小山が脱トップダウンを宣言したのは2004年でしたが、その前から小山はトップダウン経営の限界に気づいており、2回目の受賞挑戦に向けて手を打ち始めていた。

経営計画書の作成に幹部を関わらせる目的の一つは、方針やその表現が風景にならないようにすることでした。

おそらく小山がそれ以上に意識していたのは、幹部を育てて脱トップダウンを実現することだったと思います。

小山はトップダウン経営を否定しているわけではありません。創業して間もない若い組織、規模が小さい組織はトップダウンが有効だと今でも言っています。

一方で、成熟した組織、規模が大きな組織はボトムアップでないと成果が出ないとも指摘しています。

幹部を経営計画書作成にタッチさせるのは、幹部に自分の頭で経営のことを考えさせるため。いわば幹部教育の一環です。**壁を破って会社を継続的に発展させたいなら、幹部に経営計画書のアップデートを少しずつ任せる**ことです。

やる気のない幹部を巻き込む方法

■外部の刺激を借りながら粘り強く働きかける

経営計画書作成に幹部を巻き込もうと思ってそれとなく話したが、幹部の反応がどうも鈍い——。

経営計画書作成セミナーに参加した社長からよく聞く悩みの一つがこれです。

社長はもどかしく感じるかもしれませんが、幹部の反応が悪いのは無理からぬことです。自分で調べてセミナーに参加するような社長は、たいてい勉強熱心です。まだ勉強し始めたばかりだとしても、このままではいけないという危機感を持っていて、学べば学ぶほど伸びていきます。

ただ、**社長だけが成長すると、幹部は置いてけぼりになります**。もともと社長と幹部では見えている世界が違いますが、社長だけが学ぶので差が開くいっぽうになります。

その状態で「経営計画書を一緒につくろう」「会社の方針について意見を出してほしい」といっても、幹部には響きません。「うちの社長がまた何か面倒くさいことを始めた」と、むしろ心を閉ざすだけです。

本来なら社員教育に力を入れて、幹部を少しずつレベルアップさせてから巻き込むべきです。

ただ、幹部の成長には時間がかかります。成長をゆっくり待つ時間がないなら、武蔵野の**バックヤードツアー**に参加させてもいいでしょう。バックヤードツアーは、武蔵野が儲かる仕組みをどのように実践しているのかを現場で直接見学するツアーです。見学内容には経営計画書の活用も含まれています。現地で現実・現物を見れば、

「うちの社長がやりたいと言っているのは、このことか」

「この会社ができるなら、うちの会社もできるかも」

とイメージが膨らみます。同じイメージを共有できれば、その後のコミュニケーションはスムーズになります。最終的に幹部の心を動かせるかどうかは社長の熱意しだいですが、少なくとも話が通じないという事態は避けられるでしょう。


いきなり幹部全員を連れてきて意識改革を迫る必要はありません。2〜3人ずつ味方を増やしていけば、どこかのタイミングで残りの幹部が「自分も変わらなければ」と危機感を抱き、雪崩を打ったように変化が起きます。それまで粘り強く幹部に働きかけ続けることが大切です。

バックヤードツアーに幹部を
参加させて社長とイメージを共有する

社長の意図が伝わりやすくなる

幹部は「懇親会」を任せて育てる

■部下とコミュニケーションを取ると、幹部が成長する

バックヤードツアーは幹部を目覚めさせる飛び道具です。一方で、幹部をじっくり育てることも忘れてはいけません。

小山はお客様への表敬訪問や環境整備点検に必ず幹部を同行させます。社長の仕事を見せることが一番の幹部教育だからです。それに加えて、移動中にコミュニケーションを取り、社長の考えを伝えたり、逆に幹部に仕事の報告をさせることで、認識や価値観をすり合わせていました。サシ飲みや懇親会もよくやります。私は小山からこう

した教育を38年間受けてきたことで成長してきました。

幹部になった今は、**かつての小山の立場で自分の部下たちとコミュニケーションを取っています**。幹部と部下のコミュニケーションは、社員の教育になるだけでなく、幹部自身をさらに一段高い視座に引き上げてくれます。部下たちの悩みを聞きながら、「なるほど、昔の自分と同じだ。小山はこういうとき何と言っていただろう」と考えるわけです。

現在、武蔵野の幹部がやっているコミュニケーションの仕組みを紹介しましょう。

「面談」や**「サシ飲み（お酒を飲まない場合はサシランチ）」**では、いきなり仕事の話をしません。最終的に聞きたいのは仕事やキャリアの悩みですが、最初から本題に入るとどうしても身構えて本音が出にくくなります。ゆえに最初は人となりについての話から入ります。

ただ、いきなり「自分の話をして」と言われても部下は戸惑うだけです。そこで部下には事前に「自己開示シート」に自分のことを書いてもらいます。上司はそれを見て共通の話題などを探して徐々に場を温めていけばいい。コミュニケーションと聞くと「話し上手でなければいけない」とプレッシャーを感じる人もいるかもしれませんが、心配無用です。自己開示シートのように、誰でも気楽に会話を始められる仕組みを用意しておくのが武蔵野のやり方です。

懇親会のやり方も細かく決まっています。

一例として**「グループ懇親会」**の流れを紹介しましょう。グループ懇親会の主催は幹部社員で、お世話役の部長が1~2人つきます。呼ばれるのはグループの課長級4~5人。さらに課長が推薦した一般社員2~3人も参加します。参加者全員でコミュニケーションを取りたいので参加者は多くても10人までです。

最初に乾杯をして世間話でアイスブレイクをしたら、「チェックイン」を行います。チェックインは一人3~4分の自己アピールタイム。一般社員は自分の直近の成績などを報告するパターンが多いです。

課長のチェックインは2パターンです。自分の部下である一般社員を連れてきた課長は、その部下を推薦した理由を話します。推薦理由は基本的にポジティブです。みんなの目の前で褒められた一般社員は自ずと自己肯定感が高まり、会社や仕事へのエンゲージメントにもつながります。

では、部下を連れて来られなかった課長はどうするか。実はその課長も「今日はいませんが、うちの課にはこんな社員がいる」と部下を褒めまくります。具体的に名前をあげられない課長は「うちの支店は」とチームを褒める。いずれにしても自慢大会です。

幹部が大変なのはチェックインの後です。**幹部は一人ひとりのチェックインについてフィードバックをします。**フィードバックを「ダメ出し」の意味で使う組織もありますが、武蔵野でフィードバックといえば「褒めること」。課長や一般社員の自己アピールを聞いて、「たしかにこの点はすごい」と評価していきます。

もちろん適当なフィードバックでは、社員に「この幹部は誰にでも同じようなことを言っているな」と見抜かれます。そう感じさせないために、幹部は必死にチェックインを聞いて具体的に評価できる点を探し、自分の言葉でフィードバックします。幹部から見ると、これが社員のやる気を引き出すリーダーシップのいいトレーニングになるのです。

その後は自由に歓談する時間があり、最後に懇親会の感想を一人ずつ簡単に述べる「チェックアウト」で終わります。

グループ懇親会は参加者が限られているため、最終的に全社員が一回は参加できるようにほぼ毎週やっています。つまり主催者の幹部はほぼ毎週、リーダーシップを磨く練習をしているわけです。

かつては小山が主催でこうした懇親会を開いていました。しかし、幹部が育ってきて、小山がやっていたことの一部をかわりにできるようになりました。小山のかわりを務めると、「こんな大変なことをやっていたのか」と気づきさらに幹部は成長します。

社長は、まず自分が積極的に幹部とコミュニケーションを取るべきです。それで幹部が育ってきたら、少しずつ権限委譲して幹部に社員とのコミュニケーションを任せていく。それによって最初は頼りなかった幹部が立派な幹部へと育っていきます。

幹部がグループ懇親会で記入するシート（報告書）

グループ懇親会　開催報告書

開催日：2025年　月　日　　　　　会社名：

氏名：

①幹事は周囲（参加者）を見ているか
②部下を連れて来た上司はチェックインで部下を褒めているか
③自分のフィードバックは相手を褒めているか

	役職	参加者名	上司名	チェックイン内容	フィードバック内容
1					
2					
3					
4					
5					
6					
7					
8					
9					

[開催報告]（参加者のモチベーション、部門の雰囲気、所感）

※開催後、1週間以内に株式会社武蔵野　佐藤義昭まで報告をお願いします。

幹部が引っ張る〝ミドルアップダウン〟経営を目指す

■経営計画書のアップデートもミドルアップダウンで行う

幹部が成長することで経営計画書の作成に深く関われるようになり、経営計画書の作成に深く関わることで幹部がまた成長する——。

この好循環が起こるようになれば理想的です。

武蔵野はこのサイクルを何度も繰り返し、現在はボトムアップ経営から**「ミドルアップダウン経営」**へと進化しています。

会社は成長する

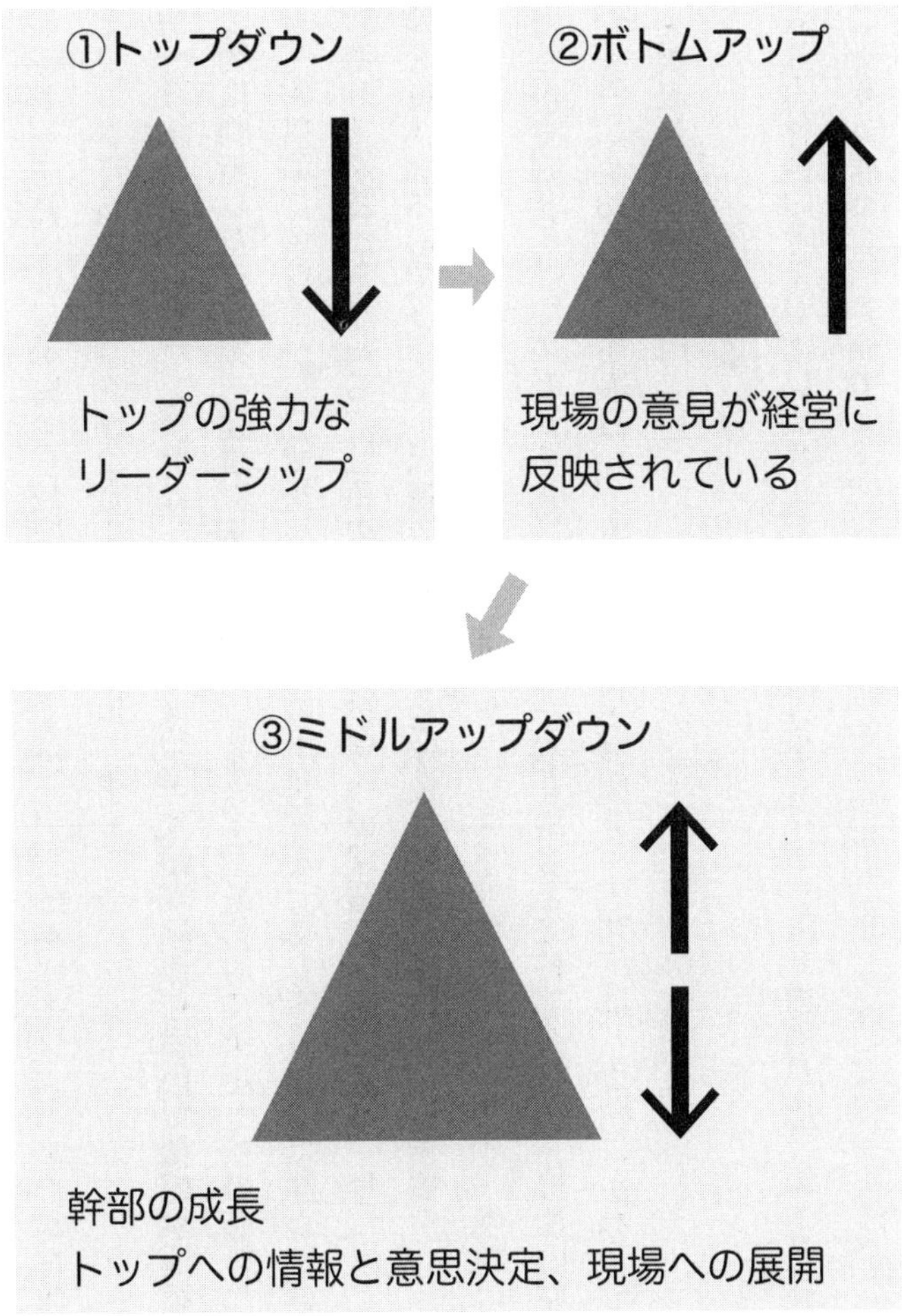
①トップダウン
トップの強力な
リーダーシップ
②ボトムアップ
現場の意見が経営に
反映されている
③ミドルアップダウン
幹部の成長
トップへの情報と意思決定、現場への展開

ボトムアップ経営は、現場から情報や提案が上がり、ミドルマネジャーがそれを仲介してトップに伝え、トップが決定するスタイルです。

一方、ミドルアップダウン経営は、**ミドルマネジャーが現場から届いた情報や提案を主体的に判断したうえで、社長に伝えて決定**させます。最終的に決定するのは社長ですが、実質的には幹部が自分で決め、社長に同じ決定をしてもらうように働きかけます。そして**承認が下りたら、社長のかわりに現場への浸透・展開を図る**。単に上と下の仲介役になるのではなく、**組織の中層から主体性に組織全体を動かします**。

経営計画書のアップデートは、まさにミドルアップダウンで行っています。現場の社員たちが中心となってアセスメントを行い、それを踏まえて幹部が修正・追加の原案をつくり、小山に承認をもらい、方針の浸透・展開フェーズでは、小山にかわって一部を解説しています。

もちろん幹部の考えが常に認められるとは限りません。小山の指示が私の考えと異なることがいまだによくあります。

社長が幹部の考えと違う決定をした場合は、二つの原因が考えられます。

一つは幹部が報告を正しく伝えられなかったから。これは幹部側の報告の仕方やプレゼンテーションに問題がある可能性が高い。

もう一つは、社長の視座に幹部が近づけていないから。要は幹部の成長がまだ足りない。

このとき「社長の指示は間違っている」と他責になると、その時点で幹部の成長が止まります。実際に何が正解なのかは実行しないと誰にもわかりません。幹部がこだわるべきは現場を正しく把握して、全体最適で物事を考え、自分の答えを持ち、社長に「正しい決定をさせる」こと。社長の指示は自分の考えが合っているかどうかの答え合わせだととらえて、幹部は自分の思考や感性を磨くべき。私もいまだ反省の日々です。

■幹部のレベルアップが会社の未来を左右する

私は**「サンドイッチ同行」**という研修をお客様に提供しています。「サンドイッチ同行」は小山がネーミングをしました。

経営幹部は、自分が担当している部署の部下だけでなく、他部門の一般社員、パートさんまで気にかけなければなりません。

現場の情報を収集し、社長、役員（上司）へ正しく報告し、正しい意思決定を促す。そして、現場にフィードバックし展開する。

まさに、上と下に挟まれている「サンドイッチだ！」と名前をつけたそうです。上と下ならハンバーガーでは？　と思いましたが、いずれにしても、私がお役立ちできるならうれしいかぎりです。

この研修は、私に一日同行してもらい、ミドルアップダウン経営の実態を見てもらうものです。

私が常に意識していることは、三つです。

①社長（上司）の指示は自分の考えとの答え合わせ

自分の報告と指示が違う場合の捉え方は、「自分の報告が正しくなかった」「自分の報告がわかりにくかった」「自分が社長（上司）の視点になっていなかった」です。これが「転原自在」（「転」ずる「原」因は「自」らに「在」る）であり、だからこそ自分の行動を変えることができると思います。

相違があれば、それが自分の成長課題だと納得ができます。

「なんで社長（上司）はこんな指示を出すんだ」と思ってしまったら、それは「転原他在」であり、自分の行動は変わらないです。

・社長（上司）に不満を持っている幹部ほど、部下にとって迷惑なことはありません。繰り返しますが、重要なのは、現場を正しく把握して、全体最適で物事を考え、自分の答えを持ち、社長に「正しい決定をさせる」ことです。

②部下（現場）とのコミュニケーション

話しやすい関係づくり。話を聞く場（仕組み）をつくり、量を増やすこと。経営幹部や役員になると部下は本音を言ってくれません。いつまでも部下が本音を言ってくれていると思うとコミュニケーションを取る努力を怠ってしまいます。「この人は自分に対して本音を話してくれる」という人材を一人でも多くつくることを意識しています。

③幹部同士のコミュニケーション

幹部同士の仲が悪いと、社員は迷惑します。

全体最適というのは言葉では簡単なのですが、実践となるとほとんどの幹部は難しい。それは評価があるからです。

評価がある以上、どうしても部分最適になりがちです。

幹部同士がコミュニケーションを強化すると、今までは個人で考えていた課題も、幹部数人で考えることで認識の幅が広がり、対策もいろいろと出てきます。

サンドイッチ同行は幹部同行の仕組み

ミドルアップダウンのマネジメントを学べる

サンドイッチ同行では、ミドルアップダウン経営を組織に浸透させるために幹部はどのように動いているのか、直接確かめられます。

社長が勉強しなければ会社は強くなりませんが、社長一人が勉強するだけでも成長に限界があります。

経営計画書の作成に幹部を巻き込みながら、いかに幹部のレベルアップを図るか。それが会社の未来を左右することを忘れないでください。

著者紹介

佐藤義昭（さとう・よしあき）

株式会社武蔵野常務取締役

1971年東京都生まれ。1990年武蔵野にアルバイトとして入社、ダスキン事業から新規事業まで経験。2007年経営サポート事業本部の本部長を経て2015年11月取締役に就任。その後2021年６月常務取締役に就任。現在は新規事業であるクリーン・リフレ事業の責任者として、入社１～３年の新人教育も行う。また経営計画書について年間100回以上の講演実績があり、小山昇の実践経営塾の合宿では、経営者向けに経営計画書作成や短期計画作成を支援している。本書は、武蔵野式の経営計画書作成・活用のポイントを、初めて幹部の視点からまとめた、実践的書籍である。

わが社《しゃ》は「経営計画書《けいえいけいかくしょ》」をつくっても何《なに》も変《か》わらない！

――社長《しゃちょう》の悩《なや》みを解決《かいけつ》する本《ほん》

〈検印省略〉

2025年　３　月　15　日　第　１　刷発行

著　者――佐藤 義昭（さとう・よしあき）

発行者――田賀井 弘毅

発行所――株式会社あさ出版

〒171-0022 東京都豊島区南池袋 2-9-9 第一池袋ホワイトビル 6F

電　話　03 (3983) 3225 (販売)

　　　　03 (3983) 3227 (編集)

F A X　03 (3983) 3226

U R L　http://www.asa21.com/

E-mail　info@asa21.com

印刷・製本　文唱堂印刷株式会社

note　http://note.com/asapublishing/

facebook　http://www.facebook.com/asapublishing

X　https://x.com/asapublishing

ISBN978-4-86667-728-6 C2034

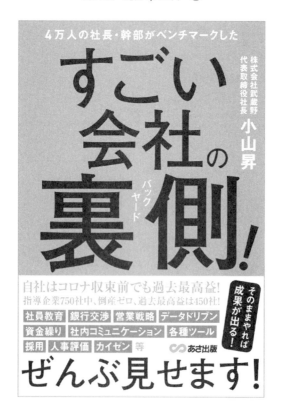

成長する会社の朝礼【上】【下】

組織が変わる212の言葉

小山 昇 著

四六判　各定価1,760円　⑩

1%の社長しか知らない
銀行とお金の話

小山 昇 著

四六判　定価2,750円　⑩

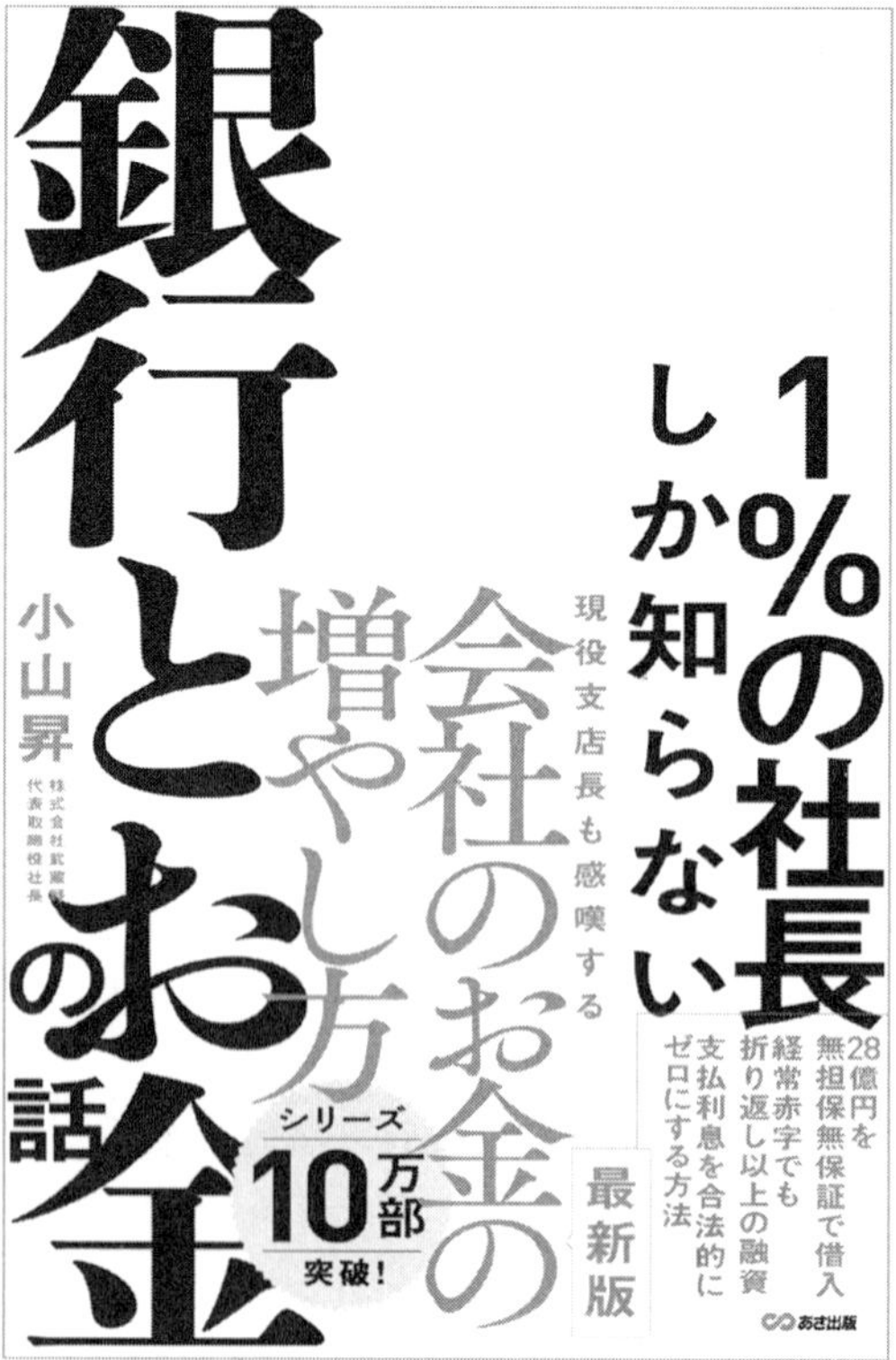